Les Éditions du Boréal
4447, rue Saint-Denis
Montréal (Québec) H2J 2L2
www.editionsboreal.qc.ca

QUI DE NOUS DEUX?

Gilles Archambault

QUI DE NOUS DEUX?

récit

Boréal

© Les Éditions du Boréal 2011
Dépôt légal : 4ᵉ trimestre 2011
Bibliothèque et Archives nationales du Québec

Diffusion au Canada : Dimedia
Diffusion et distribution en Europe : Volumen

*Catalogage avant publication de Bibliothèque et Archives nationales
du Québec et Bibliothèque et Archives Canada*

Archambault, Gilles, 1933-

    Qui de nous deux ?

    ISBN 978-2-7646-2136-3

    1. Archambault, Gilles, 1933- . 2. Écrivains québécois – 20ᵉ siècle – Biographies.
I. Titre.

PS8501.R35Z47   2011   C843'.54   C2011-941649-2

PS9501.R35Z47   2011

ISBN PAPIER 978-2-7646-2136-3
ISBN PDF 978-2-7646-3136-2
ISBN ePUB 978-2-7646-4136-1

Qui de nous deux
Partira le premier,
Qui de nous deux
Ira vers les cyprès,
Dormir près du soleil
Entre les oliviers…

Marc Ogeret

7 janvier

Écrire ne m'a jamais consolé de quelque peine. Ce n'est donc pas pour calmer ma douleur que j'entreprends ce petit livre. Ma femme est morte le 26 décembre. J'aurais pu utiliser le mot « compagne ». Lise était bel et bien ma femme. Ces années-là, fin des années cinquante, même si nous n'ajoutions pas foi aux simagrées de la religion, nous étions passés par l'église pour officialiser notre union. On se mariait pour la vie. Il m'est arrivé de le regretter. C'est fou, le nombre de sottises qu'une vie permet d'accumuler.

Atteindrai-je jamais cet état de résignation dont on me parle ces jours-ci? Le temps fera son œuvre. Tant bien que mal. Je comprends qu'on trouve gênant de s'adresser à un homme qui n'est jamais loin de s'écrouler. Une phrase d'Henri Calet ne cesse de me hanter. On la trouve à la toute fin de *Peau d'ours*: « Ne me secouez pas, je suis plein de larmes. » Un rien me touche. Surtout s'il s'agit d'elle.

Alors pourquoi remuer des souvenirs qui feront de moi, plus qu'il n'est souhaitable, un pantin encore plus agité par la douleur ? Ajouter un titre à ceux qui peuplent ma bibliographie ? Je vois d'avance la futilité d'une telle entreprise. Rendre hommage à la femme qui m'a accompagné pendant de si nombreuses années ? Probablement. Sans rien amplifier. Je ne suis pas sûr que Lise aurait souhaité que j'évoque notre aventure sur un ton qui ne soit pas celui de la retenue. L'impudique, l'écrivain, c'est moi. Très discrète, elle n'aurait pas aimé que je lève le voile sur notre intimité. Nous avions nos secrets, guère plus originaux que ceux de la plupart des couples, mais c'étaient les nôtres.

Elle n'est pas à moi
Je ne suis pas à elle
Nous sommes l'un à l'autre

J'aime ce poème de Louis Calaferte qui définit notre couple. Pour écrire ces notes, je revendique le droit aux redites, et celui de ne suivre aucun ordre. Dans *La Mort de la bien-aimée*, Marc Bernard écrit : « Je souhaite parler d'Else comme elle me vient, la reconstituer à la façon d'un puzzle plutôt que d'un portrait trop longtemps dessiné. » Lise, comme elle me vient, donc, comme elle ne disparaîtra pas.

10 janvier

« Ce que je touche s'écroule », écrit Kafka dans son journal. Si je fais mienne cette phrase, c'est en pensant au présent. Le passé, le nôtre, qui ne fut pas toujours rose, avait une réalité que le présent n'a plus. Je me sens amputé. J'ai perdu le seul être au monde avec qui je pouvais converser même dans le silence. Voilà pourquoi je sens le besoin de ne pas me taire.

Un hommage à la disparue ? Elle n'y aurait pas cru. Nous avons longtemps pensé que nous étions réalistes, nous ne l'étions pas. Nous vivions dans un rêve qui vient de prendre fin. Nous avions nos clichés, nos redites, mais nous savions être émus la plupart du temps. Rendre compte de ces moments ? En serai-je capable ? Les mots ne peuvent que suggérer les moments d'intense bonheur. Surtout que j'ai opté pour la pudeur.

Que l'on comprenne en tout cas ce que la vie m'a apporté en me donnant l'occasion de rencontrer cette femme. L'ai-je rendue heureuse ? Je ne le saurai jamais. Eût-il mieux valu pour elle de connaître un autre destin ? Cela non plus, je ne le saurai pas.

Je me fais l'obligation de n'écrire que des aveux dont elle pourrait prendre connaissance. Ces souvenirs sont nos souvenirs. Il s'agirait de notes que j'aurais laissées près du fauteuil qu'elle n'a pas quitté les derniers mois. Elle pourrait y jeter un coup d'œil, sans en ressentir de la peine.

11 janvier

Cinquante-deux ans de rapports quotidiens. Je n'étais plus tout à fait moi, j'étais la moitié d'un couple. Chardonne écrit quelque part que le couple, c'est autrui à bout portant. La plupart du temps je m'accommodais de cette proximité. Il se trouvera toujours des imbéciles pour se moquer des couples dans notre genre. Ou pour se pâmer d'aise. C'est beau, cinquante-deux ans ensemble, disent-ils. Nous savions que nous formions un vieux couple, nous n'ignorions pas que nous radotions à l'occasion. Le présumé grotesque de notre situation, nous nous en étions fait un rythme de vie. Au restaurant, quand personne ne nous regardait, il nous arrivait de nous prendre la main furtivement. Comme à l'époque des débuts. Lise avait des doigts très fins. Combien de fois ne me suis-je pas perdu dans les yeux de ma femme? Nous avions soixante ans, soixante-dix. Il m'arrivait d'être au bord des larmes en pensant à ce jour où nous devrions nous quitter. Le mystère féminin pour moi se résumait à son regard, à son sourire. Toutes choses dont me voici privé depuis trois semaines. Celui qui reste vit en enfer, chante Brel. Est-ce que je vis en enfer ? J'ai plutôt l'impression de survivre à l'homme que j'ai été. Je ne peux m'empêcher de pleurer à tout bout de champ. Que je sois seul ou en compagnie d'un ami, certaines images s'imposent à moi. Je ne peux retenir le flux d'émotion. On me dit parfois qu'il est préférable qu'il en soit ainsi, qu'il serait malsain de me retenir. Je n'ai jamais eu honte de pleurer, mais je ne voudrais surtout pas qu'on s'imagine que je veux m'exhiber. Ma vie avec Lise a été plus secrète. Elle continue à l'être.

14 janvier

Quand j'ai rencontré pour la première fois celle qui allait devenir ma femme quelques mois plus tard, j'étais en pleine déprime. Je venais d'obtenir une licence ès lettres. J'avais songé à l'enseignement, sans tellement de conviction. Il y avait bien l'Office national du film et Radio-Canada. Mais comment y entrer? Les quelques portes auxquelles j'avais frappé me paraissaient infranchissables. J'avais en tête des idées de roman, mais je n'en étais qu'aux ébauches. De toute manière, l'écriture comme je l'envisageais, et l'envisage encore, n'avait rien d'un gagne-pain. Depuis une dizaine d'années peut-être, l'exemple de Balzac m'avait gonflé la tête. Comment écrire un roman quand son expérience de la vie est si limitée?

Le jour de la fête du Travail en 1957, vers dix-neuf heures, ma mère vint me dire qu'un ami avait sonné à notre porte. Je n'attendais personne. J'avais même décidé de me mettre au lit tôt. Dans la chambre minuscule que j'occupais, à l'entresol, lieu déprimant entre tous, ayant pour toute clarté une lampe dont je n'ai pas oublié la laideur, je jouais à être malheureux. Que me voulait donc cet ami que je n'avais pas vu depuis près de deux ans? Je lui avais recommandé un film, *Sweet Smell of Success*. Jamais je n'oublierai ce titre, ni les comédiens qui y jouaient, Burt Lancaster, Tony Curtis. L'ami n'était pas seul. Lise l'accompagnait.

L'automne de 1957 fut particulièrement doux. La première neige ne tomba pas avant la fin décembre. Si je me rappelle ce détail avec tant de précision, c'est que je me suis souvent baladé, ces semaines-là, avec celle qui allait devenir la femme de ma vie. Des livres, j'en achetais beaucoup, mais je pris prétexte d'emprunter un roman à Lise pour la revoir. Ce roman, *Terres stériles* de Jean Filiatrault, a été mon porte-bonheur. Ce fut l'occasion de nombreuses déambulations dans les rues du quartier. Nous avions habité pendant plus de vingt ans à quelques rues l'un de l'autre sans nous connaître.

De quoi parlions-nous? Je n'en ai plus que de vagues réminiscences. J'imagine que nous nous faisions la cour d'une façon pour nous ingénue. Lise et moi n'étions pas tellement doués pour le marivaudage. De quoi parlions-nous? De nous, évidemment, de nos parents, dont nous trouvions à redire. Comme il est normal. Lise travaillait depuis l'âge de dix-sept ans. Je venais de quitter l'université, je cherchais un emploi. Elle savait dire les paroles dont j'avais besoin. J'imagine qu'elle me rappelait d'être patient, que je finirais par me caser. Me connaissant, je suis sûr que je devais parler souvent des livres que j'écrirais. Je découvrais ce que pouvait être un avenir à deux. Déjà, je m'étonnais qu'il se soit trouvé quelqu'un pour m'écouter.

En fait je m'étonne qu'on m'aime
assez pour m'attendre le soir

Le roman-poème de Georges Perros décrit d'assez près l'amoureux que j'ai été dès les débuts de notre aventure. Distrait, sûrement, mais reconnaissant.

17 janvier

J'ai soixante-dix-sept ans. J'ai beau faire appel à
ma mémoire avec de plus en plus d'insistance,
je n'arrive pas à me souvenir du contenu précis
de nos conversations d'octobre ou de novembre 1957. J'ai toujours aimé marcher. Avec Lise,
j'ai découvert le réconfort de l'intimité partagée.
J'avais été un sauvage irrécupérable, elle me civili-
sait en quelque sorte. Elle avait été fiancée un an
auparavant. Pourquoi les fiançailles avaient-elles
été rompues? Je n'ai jamais cherché à le savoir,
trop occupé à découvrir l'amour.

Ces jours derniers, je nous ai revus en train de
faire d'interminables promenades au cours de cet
automne qui a été si clément. J'avais à mes côtés
une jeune femme que je trouvais très belle, et qui
l'était. J'ai dû être un intarissable bavard. Plus de
cinquante ans plus tard, dans cette chambre d'hôpital où elle allait mourir, j'avais tenté de ressusciter nos premières conversations. La vision de son
jeune visage parvenait pour quelques instants à

chasser le regard d'une femme pour moi toujours belle mais que je savais désespérée. Il m'arrivait de pleurer comme un idiot. Elle s'apercevait de ma détresse, parfois bouleversée à son tour. Il s'en était passé, des choses, depuis les errances des débuts. Elle me disait parfois dans des moments de cette sorte : « Ne t'en fais pas, je ne souffre pas, on s'occupe de moi. » Elle qui avait toutes les raisons de se plaindre me rappelait à la raison.

C'était nous, ce couple formé au hasard des rues de notre quartier à l'automne de 1957, qui en étions rendus là. Je me disais : cette femme, ma femme, dont il est entendu qu'elle me quittera dans quelques jours ou quelques semaines, cette femme qui m'a tout apporté a atteint une région de l'âme à laquelle je ne peux avoir accès.

Ce matin, à la suite de je ne sais quelle tâche domestique, j'ai revu les premiers jours de notre vie en commun. Des images furtives qui m'ont plongé dans la plus pitoyable détresse. Bien sûr, je n'accepte pas sa disparition. Quand j'aperçois une jeune femme dont la démarche se rapproche de près ou de loin de celle de Lise, je deviens inconsolable. Je devrais remercier le destin de m'avoir permis de connaître cette félicité qu'est une vie à deux réussie, mais c'est plus fort que moi, je n'arrive pas à quitter l'état de désolation qui est le mien depuis plusieurs mois. Je suis vieux. Ces moments ne reviendront pas. Ma femme est morte. Plus rien ne compte.

19 janvier

Nous venions du même quartier ouvrier de Montréal. Sans en médire, nous n'avions qu'un désir, le
quitter. Non pas pour accéder à un milieu social
plus acceptable. À peine souhaitions-nous nous
isoler. Comme pour mieux profiter de notre intimité. Je revois sans cesse la jeune femme que Lise a
été. Hier soir, j'ai eu la témérité d'ouvrir un album
de photos. Je l'ai refermé aussitôt. Je n'avais pas
besoin de ces clichés jaunis pour me la représenter.
Je m'en veux de ne pas l'avoir regardée plus inten-
sément tandis qu'il en était encore temps. J'aurais
dû lui répéter plus souvent qu'elle était belle. Peut-
être pour tenter gauchement de réparer mon
oubli, j'ai posé aux murs de l'appartement déserté
que j'occupe des photos d'elle. Il m'arrive de l'imaginer un peu narquoise, me reprochant en riant
ma distraction d'alors.

Le passé a toujours occupé une place détermi-
nante dans ma vie. Il a constamment hanté le présent pour moi. Très souvent, quand on m'a accusé

de distraction, j'étais au fond préoccupé par le souvenir d'un geste ou d'une réalité que me suggérait le présent. Je suis essentiellement un nostalgique.

Un mois après notre première rencontre, nous avions décidé de vivre ensemble. Il aurait probablement suffi que je propose à la jeune femme qui m'éblouissait de quitter sa famille pour qu'elle me suive. Je n'ai même pas songé à le lui proposer. Pas assez sûr de moi. J'étais amoureux, pas question de douter, mais j'aurais estimé indécent d'entraîner la femme aimée dans une vie matérielle incertaine. Nous aurions pu survivre, elle avait un travail modestement rémunéré, je tirais encore quelques sous d'heures passées à l'épicerie où j'avais travaillé du temps de mes études. Elle n'a jamais paru inquiète de cette situation. Au contraire, me laissant parler inlassablement des livres que je n'avais pas encore écrits, elle m'assurait que les choses s'amélioreraient. Comment une personne que j'ai connue par la suite si nerveuse, craignant toujours le pire, a-t-elle pu ces mois-là être aussi éloignée de l'état de panique qui était alors le mien ? « J'avais confiance en toi », m'a-t-elle répété les quelques fois où je lui ai posé la question.

26 janvier

Un mois depuis la mort de Lise. Si j'ai entrepris d'écrire dans ce carnet, ce n'est pas pour essayer de voir plus clair dans ma conscience. Je sais d'avance que je n'y parviendrai pas. C'est tout simple, je n'ai qu'un désir, lui parler, la toucher. Je voudrais qu'elle soit présente, elle n'est plus que cendres. Je me déplace dans notre appartement. Tout me rappelle sa présence. Parfois, en me mettant au lit pour la nuit, je viens bien près de lui souhaiter de faire de beaux rêves. Je l'ai fait si longtemps. Même les soirs de bouderie — il y en a toujours quelques-uns dans la vie d'un couple —, j'avais cette habitude. A-t-elle fait beaucoup de beaux rêves en vivant avec moi ? Je me contente de le souhaiter.

Les derniers jours à l'hôpital, avant de perdre tout à fait conscience, elle n'avait pas cessé de s'informer des choses qui se passaient dans le Vieux-Montréal, où nous habitions les dernières années. Je savais qu'il ne me fallait pas donner trop de détails de nature à l'attrister. Je me risquais un peu à la façon d'un funambule. Pas tellement habile, le funambule. Si j'étais avare de précisions, elle en demandait. Il m'arrivait d'être trop prolixe, je m'apercevais un peu tard de sa tristesse. Notre appartement, c'est elle qui l'avait choisi, elle qui l'avait décoré. Je n'entre jamais dans ce lieu qui a été le nôtre depuis 2005 sans revoir le regard qu'elle m'a lancé la première fois où, guidés par l'agente immobilière, nous l'avons visité. Ce regard me disait qu'il fallait continuer la visite, que nous étions tombés sur l'appartement qui lui convenait. Nous ne savions pas que, quelques mois à peine après notre installation, il y aurait l'annonce du premier cancer.

De mauvaises nouvelles ayant trait à sa santé, nous en avions eu plusieurs. Les premiers moments d'abattement passés, Lise avait toujours suivi avec acharnement les directives des médecins. Comment oublier les interminables semaines où, penchée sur une table de notre living, elle avait dû passer neuf heures par jour sans bouger. C'était à l'époque d'une intervention à l'œil. Elle n'avait pas eu le réconfort escompté. L'opération à la macula avait réussi, mais la vision de l'œil gauche était toujours compromise. À peine voyait-elle des ombres. Bien sûr, je n'oublierai jamais cet après-midi où, sortant de l'hôpital Notre-Dame, nous descendions la rue Panet, tous les deux en sanglots. Quel âge avions-nous? Soixante-huit ans, par là. Je lui rappelais un peu gauchement les propos du spécialiste. N'avait-il pas insisté pour dire qu'il n'y avait pas de danger de cécité? Comme elle, je savais qu'il ne fallait pas ajouter foi à des paroles que le médecin n'avait peut-être prononcées que par humanité? Il faisait beau temps, je crois que nous étions en juin mais n'en suis pas sûr. Je me souviens nettement toutefois que nous marchions lentement, nous tenant par la main. Comme en 1957. Ce que j'aurais voulu la consoler, lui donner une véritable assurance! Ai-je au moins réussi à la convaincre de mon désarroi? Je me souvenais de certains moments de notre vie où j'avais été presque absent. Il me semble pourtant que mes distractions n'ont pas été si fréquentes. Je n'ai jamais oublié en tout cas que je n'ai commencé à vivre que le jour où je l'ai connue.

Je l'ai tellement vue souffrir, surtout les derniers mois de sa vie, qu'il m'arrive de penser qu'il n'est que normal que je souffre à mon tour. Depuis sa disparition, rien ne me paraît tout à fait vrai. J'entre dans l'appartement, j'écoute de la musique. Au début de notre aventure, elle connaissait tous mes microsillons. J'en avais peu. Les années venant, j'en avais accumulé tellement qu'il était impossible qu'elle les identifie tous. Quel genre d'amateur suis-je devenu? Mes CD, je les écoute à peine. Mon esprit est ailleurs. Je jette un coup d'œil à sa photo, là où pendant des années se trouvait une litho de Zao Wou-Ki, que nous avons tellement aimée. Cette photo prise alors qu'elle était dans sa mi-quarantaine, je l'ai posée au mur dès son entrée à l'hôpital. Il me semblait qu'elle assurait tant bien que mal sa présence. Après tout, le fauteuil où elle passait ses journées la dernière année était tout contre.

« Ça va mieux? » me demande-t-on. Par véritable intérêt souvent. Par automatisme parfois. Je tente d'être évasif, mais pour peu qu'on insiste, mes yeux deviennent humides. Bien sûr, rien n'a changé. Je souffre. Ce n'est pas la présence de quelqu'un que je souhaite, c'est sa présence à elle. Je lui dois cette souffrance. Si un livre doit sourdre de ces notes il sera douloureux. Je sais que si je le fais, ce n'est pas pour geindre. Ce serait grotesque et inutile. Je m'adresse à ma femme un peu à la façon des croyants qui s'imaginent que quelqu'un, quelque part au ciel, peut les écouter. L'idée d'une résurrection des corps ne me déplaît pas. Je sais très bien qu'elle est illusoire. Je ne détesterais pas toutefois retrouver Lise dans un ailleurs.

Quand je lui parle, c'est avec une douceur que

je n'ai pas toujours eue. La vie de couple a parfois de ces férocités. Ainsi donc, me dis-je en songeant à tel intervalle de notre vie commune, j'ai été ce monstre? Je n'ai pas toujours su voir, j'ai laissé filer les années sans me rendre compte tout à fait que l'avenir s'amenuisait. Si seulement j'avais la certitude de l'avoir rendue un peu moins malheureuse. Dans le bureau où j'écris ces petites proses, une autre photo d'elle. L'une des dernières. C'était en mai, un anniversaire, le 52e de notre mariage. Elle tient à la main un téléphone sans fil que notre fils lui a offert. Les derniers mois, elle avait tant de difficulté à se déplacer, cet appareil lui était devenu indispensable. D'ailleurs, le moindre geste venant de ses enfants la rassurait. Plus la maladie progressait, plus les contacts avec l'extérieur devenaient problématiques. Nous n'allions plus au restaurant. Seules restaient les visites à l'hôpital. Quand je lui disais qu'elle était belle, elle me remerciait. Puis, la plupart du temps, elle ajoutait qu'elle n'était plus qu'une petite vieille à peine bonne pour un mouroir. Si j'insistais, si je lui parlais plus à fond de sa beauté, ce n'était pas pour lui être agréable. Je ne cherchais pas à la distraire, je la trouvais belle. Devant son désarroi, qui ne tardait pas à paraître, j'étais plus démuni qu'elle. Les années m'avaient prouvé que son visage représentait pour moi toute la beauté du monde. Ce n'est pas à trente ans que ces évidences s'imposent à vous. Il m'avait fallu des années pour me rendre compte que je devais lui dire à quel point elle représentait tout pour moi. Pauvre idiot, j'avais cru pendant trop longtemps que je n'avais pas à souligner une beauté pour moi trop évidente. Et aujourd'hui, je continue de le lui dire. Comme si elle pouvait m'entendre. Je répète certains gestes comme si elle pouvait me voir. Si je pleure plus souvent qu'à mon tour, ce n'est que normal.

29 janvier

Lise aimait la bonne chère. Rien ne lui plaisait autant à une certaine époque que de cuisiner un plat. Lorsque la maladie s'est installée, qu'elle est devenue envahissante, le goût a disparu. Un médicament qu'on lui a prescrit au bout de deux ou trois mois a fini par le lui enlever presque totalement. Elle ne s'approchait plus de la cuisine qu'avec réticence. Aller au restaurant — nous y allions à l'époque deux ou trois fois par semaine —, progressivement, il a fallu y renoncer. Les déplacements étaient devenus presque impossibles. Quant aux voyages, qui avaient constitué pour elle un moyen de découvrir de nouvelles tables, il ne fallait plus y songer. Elle aimait la cuisine bourgeoise, bien apprêtée, mais pas les restaurants huppés. Une truite amandine, un gravlax de saumon à l'aneth la mettaient en joie. Pas plus que moi, elle ne supportait le service trop guindé. En revanche, elle ne pardonnait pas le genre relâché. Un potage tiède, une sauce insipide lui gâchaient son plaisir.

En même temps que ces préférences gastrono-miques, elle avait gardé des goûts qui lui venaient de l'enfance. Au début de décembre, une quinzaine avant sa mort, elle m'avait demandé de lui appor-ter une part de tourtière. Jamais je n'oublierai son désarroi lorsque, ayant pris une bouchée de la por-tion que j'avais fait réchauffer au four à micro-ondes de l'hôpital, elle s'était aperçue qu'elle n'y prenait aucun plaisir. Elle avait refusé d'aller plus loin que la deuxième bouchée. Peut-être avait-elle en tête les fêtes de Noël du temps jadis où elle s'était affairée à recevoir nos invités. Nous étions jeunes alors, nos parents vivaient. À présent, elle ne parve-nait plus à se servir d'une fourchette. La cuiller que je lui tendais, elle ne tarda pas à la repousser. Elle avait aimé le chocolat. Combien de fois ne lui en avais-je pas offert? Les derniers jours, elle ne digérait plus que les tablettes de friandise chocola-tée que l'on trouve un peu partout. Le vrai choco-lat était devenu trop riche. Cette image d'elle, les lèvres barbouillées de nourriture, ne me quitte pas. Elle qui avait été d'une tenue toujours impeccable en était réduite à cet état humiliant. Je lui essuyais les lèvres, elle me remerciait d'un sourire.

1er février

J'allais la voir tous les jours à l'hôpital. Nous avions besoin tous les deux de ces trois heures de communion. Aucun espoir de survie n'était permis, nous le savions. La mort rôdait tout autour. Rarement une journée ou deux sans qu'on annonce un décès à l'étage. Ma sœur était morte un an auparavant quelques chambres plus loin. Lise n'avait pas tardé à se rendre compte que, lorsque survenait une mortalité, on fermait la porte de sa chambre, habituellement ouverte. Afin d'éviter qu'elle voie passer une dépouille sur une civière. Sans paraître y attacher la moindre importance, elle me disait que la patiente de la chambre 5138 était décédée pendant la nuit. J'écoutais en silence. Toute tentative pour orienter autrement la conversation était vouée à l'échec. Au bout de trois ou quatre semaines, elle se mit à craindre, son état ne semblant pas se détériorer, qu'on ne la renvoie à notre appartement. « Comment pourras-tu t'occuper de moi ? » me demandait-elle, tout à trac. Je répondais qu'il n'en était pas question, que je m'étais informé. Ce qui était presque vrai. Elle revenait à la charge. Même la présence à domicile d'infirmières vingt-quatre heures sur vingt-quatre ne suffirait pas. Son état nécessitait des soins que seul un centre hospitalier pouvait fournir. Je tentais une fois de plus de la rassurer. Rien n'y faisait. Un après-midi que je revenais de chez mon éditeur, elle demanda à voir les épreuves de mon dernier livre, dont la publication était annoncée pour le 11 janvier. Je les lui tendis, oubliant qu'elle lirait forcément l'exergue de Dino Buzzati. « Je suis devenu le petit homme qui va au cimetière un jour de novembre », voilà ce qu'elle a lu. Elle se mit à pleurer. « Je ne verrai pas ton livre », parvint-elle à me dire. Ce que je pouvais me trouver bête de ne pas avoir choisi un autre moment pour prendre possession de ce jeu d'épreuves !

Tout ce que j'avais publié, sans exception, elle l'avait lu, parfois en manuscrit, parfois sur épreuves. Une étape de notre vie était franchie. Inexorablement. Je deviendrais moi aussi le petit homme qui va au cimetière. Pire encore, je porterais ce deuil, je le promènerais en moi jusqu'à ma propre disparition.

« Il va paraître quand, ton livre ? » me demanda-t-elle au bout d'un moment. « Il est impossible que je me rende jusque-là. » Presque à chacune de mes visites, elle répétait qu'elle ne souhaitait pas continuer de vivre cette vie sans la vie. « Une mascarade », disait-elle. Ce qui ne l'empêchait pas, quelques instants plus tard, de souligner qu'elle ne ressentait plus de douleurs intenses, qu'une rémission était peut-être possible. Elle le disait sans conviction.

La plupart du temps, je racontais alors un fait divers, j'inventais des anecdotes qui peut-être l'intéresseraient. Sans donner trop de détails. Elle se serait aperçue du stratagème.

3 février

J'ai souvent dit en entrevue que jamais je n'écrirais un roman qui aurait notre couple comme sujet. Si ma femme mourait, ai-je parfois ajouté, je n'en ferais pas une fiction. Je crois toujours qu'il serait indécent que je dévoile par le biais d'une intrigue les heurs et malheurs de notre aventure à deux.

Pourquoi alors ce petit livre ? C'est tout simplement que je réagis en écrivain. Ce n'est certes pas pour juguler ma peine que je me prête à cet exercice de remémoration. Il ne m'intéresse nullement de faire le récit de nos misères, de nos problèmes. Tout couple connaît un jour ou l'autre des moments difficiles. Je ne suis en rien psychologue, qu'on n'attende pas de moi des conseils sur la réussite de la vie conjugale. Bien sûr, il y a eu des moments où je me suis mal comporté, d'autres où je me suis interrogé sur la pertinence d'une intimité partagée. Vers la mi-trentaine, je me sentais parfois un peu confiné. J'avais besoin d'air, j'étais en manque de douceur. Quand on connaît l'amour, on n'est jamais repu. On voudrait que l'autre répète à l'infini des gestes qui nous ont paru importants. On en vient à chercher sottement ce que l'inédit seul peut apporter. Maintenant que la mort de Lise m'a rendu à ma solitude première, ne serais-je pas prêt à toutes les capitulations pour la voir à mes côtés pendant quelque temps encore? Je n'exigerais pas le retour des moments d'exultation. Nous n'en aurions pas le goût. Je me contenterais de cette vie quotidienne sans surprises, m'efforçant de trouver rassurants les gestes routiniers qui jadis me lassaient. J'étais parfois agacé de devoir donner des explications pour le moindre de mes gestes. Avant de me mettre au lit, je le disais l'autre jour, je peux déplorer de n'avoir personne à qui souhaiter une bonne nuit. Les derniers jours de sa présence dans l'appartement, je lui souhaitais une bonne nuit même si je savais pertinemment qu'elle serait horrible. Hier encore, j'ai prononcé ces mêmes mots à haute voix, comme si elle pouvait les entendre.

Au fond, si je tente de restituer notre aventure, c'est que je m'imagine vraiment qu'elle pourrait en prendre connaissance. La vie éternelle, je n'y crois pas. Il y a toutefois des jours où elle me paraîtrait indispensable.

6 février

L'hiver est loin d'être terminé. Le beau temps arrivera au mieux dans sept ou huit semaines. Tous les jours, à moins que la neige ou le froid excessif ne m'en empêchent, je me rends sur la promenade du Vieux-Port, tout à côté de chez moi. Comment alors ne pas songer à nos déambulations? Nous marchions à notre rythme, qui n'était pas rapide. Pourquoi nous presser puisqu'il s'agissait avant tout de causer ou de laisser nos silences le faire à notre place? De quoi parlions-nous? De tout et de rien, de nos enfants très souvent, de la vie qui fuit, des vacances à venir. Nous nous étions pris d'affection pour Saint-Malo. La vieille ville, ses remparts, mais aussi le bord de mer, la chaussée du Sillon. Lise avait aimé s'exposer au soleil à une époque où on n'insistait pas encore sur les risques que cet exercice comporte. Un premier cancer l'ayant alertée, elle était devenue prudente. Nous nous promenions, à Montréal comme à Saint-Malo, en toute sérénité. Les années venant, nous avions ralenti nos pas encore davantage.

En septembre 2009, nous avons contemplé la mer ensemble pour la dernière fois. La chaussée du Sillon est bien aménagée. On y trouve des bancs en quantité. L'état de faiblesse de Lise les rendait plus qu'utiles. Le spectacle de la mer ne la lassait jamais. Les hautes marées surtout la fascinaient. Nos conversations étaient les mêmes. Les enfants, leurs ennuis, leurs consolations, le temps qui nous assaillait de plus en plus. Septembre 2009, trois ou quatre mois avant l'appel du médecin généraliste qui évoquerait la venue d'un nouveau cancer.

Nous ne savions pas que ce serait notre dernier voyage ensemble. Quand elle se relevait du banc où nous nous étions réfugiés, je devais l'aider. Quand nous marchions, je lui donnais le bras. « Je suis vieille », disait-elle très souvent. Au retour à Montréal, nous avons repris nos promenades dans le quartier, le long du Vieux-Port. Il était clair que ses forces déclinaient. Puis l'hiver était venu avec l'incarcération forcée. Une page était tournée. Pour toujours.

8 février

« Vous continuez d'écrire ? » m'a-t-on demandé
hier.

Nulle agressivité dans le ton. Je ne sais que
répondre. Je finis par dire que, puisque la vie me
paraît vaine, l'écriture peut me servir. L'espace
d'un instant, la recherche d'un mot, le souci de
fuir l'apitoiement me distraira peut-être de mon
désarroi. Je n'en finis plus d'arpenter l'appartement, je dispose autrement les bibelots que nous
avons accumulés. Quand elle me voyait tourner
en rond, Lise me disait : « Pourquoi tu n'écris
pas ? » J'avais besoin de cette incitation. Pas du
tout comme aux premières années de notre vie
commune, où chaque soir je m'astreignais à trois
heures d'écriture, malheureux si advenait un
empêchement. Depuis une bonne vingtaine d'années, je n'écrivais plus que lorsque l'urgence m'y
poussait. Lise me taquinait. « C'est un écrivain
que j'ai épousé, pas un flâneur », me disait-elle en
riant. J'étais parvenu à un moment de ma vie où je

préférais lui parler. Il suffisait d'un mot qu'elle prononcerait pour que je me mette à rêver. Parfois, je l'écrivais sur un bout de papier. Il me servirait. J'entends encore sa voix, je vois son sourire malicieux. Si je pouvais recréer ces moments magiques, cette douceur! Ces notes que vous lisez en ce moment ne vaudront que si je réussis à créer quelque chose qui ressemble même de loin à cette complicité de deux êtres qui ne croient plus tellement au bonheur mais qui s'accommodent de ce qui en tient lieu. Lorsque l'annonce de la réapparition du cancer est arrivée, il a surtout été question entre nous de la mort annoncée. Bien sûr, nous parlions d'autre chose, la vie suivait son cours, mais la menace persistait. Elle avait atteint une région à laquelle je ne pouvais avoir accès. Elle me disait : « À ma mort, tu sauras t'occuper des enfants ? » Elle ne tardait pas à parler de l'argent qu'elle voulait leur léguer. Depuis les débuts, il y a presque un an, elle abordait sa mort comme un fait irrévocable. Petit à petit, les douleurs sont venues. On lui avait prescrit un médicament expérimental. Au bout de la première étape, elle a refusé de poursuivre le traitement. « Vous savez ce qui vous attend », avait dit une infirmière à l'hôpital vers le mois d'avril. Lise avait répondu qu'elle le savait très bien. Au moins, croyait-elle, il lui serait possible de se mouvoir dans l'appartement sans s'effondrer comme cela lui était arrivé, le médicament étant très puissant et de nature à l'affaiblir.

Quelques semaines plus tard, elle ne se déplaçait plus qu'à l'aide d'un cadre de marche, une canne ne suffisant plus.

10 février

Lise avait souvent déploré de ne pas avoir pour-
suivi d'études universitaires. Elle aurait été la plus
douée des étudiantes. En classant des vieux
papiers, l'autre jour, j'ai trouvé des bulletins sco-
laires qui indiquaient qu'elle avait eu des notes
bien supérieures à la moyenne. Elle ne m'en avait
jamais parlé. Nous avions souvent les mêmes lec-
tures. À la différence que, mieux que moi, elle
venait à bout d'entreprises littéraires de longue
haleine. Elle avait lu au complet les *Mémoires* de
Saint-Simon, *Les Rougon-Macquart* de Zola, que je
n'ai explorés qu'en partie. Plus récemment, nous
avions entrepris tous les deux les *Carnets* de Louis
Calaferte. Le dernier tome a paru l'été dernier.
L'auteur y raconte l'enfer de sa vie marquée par
l'empreinte de la maladie qui allait l'emporter. Lise
me disait que ce qu'il racontait ressemblait à ce
qu'elle ressentait elle-même. Elle ajoutait qu'au
moins il était croyant, sans paraître regretter de ne
pouvoir l'accompagner dans cette croyance.

Lise savait lire. Combien de remarques judicieuses ne m'a-t-elle pas faites à la suite d'une lecture ? Je viens de rappeler qu'elle regrettait de ne pas avoir accédé à des études supérieures. Je ne crois pourtant pas qu'elle en éprouvait quelque complexe d'infériorité. Elle savait qu'elle avait été victime d'une injustice, celle dont avaient souffert les femmes de son époque, mais elle tenait l'affaire pour close. Elle avait des idées nettes à propos de la politique et des enjeux sociaux, son jugement était sûr la plupart du temps. À côté d'elle, j'étais le perpétuel hésitant. Il m'arrivait souvent d'adopter ses positions.

Un journaliste m'avait proposé un repas à trois. Le prétexte : nous venions de terminer une série radiophonique. Ce devait être vers 1972. Lise n'avait accepté de se joindre à nous qu'à cause de mon insistance. Touche-à-tout de talent, le journaliste en question en vint à aborder le sujet de la politique. De quoi parlait-on ces années-là ? Je ne sais plus très bien, mais j'imagine qu'il s'agissait de l'indépendance éventuelle du Québec. Lise avait été membre du RIN. À chaque avancée de Lise, mon journaliste répliquait de façon cinglante. De toute évidence, il la traitait comme il traitait dans ses topos radiophoniques ceux qu'il appelait des béotiens. Je tentais d'arrondir les angles, voire d'aborder des sujets moins périlleux ; peine perdue. Notre commensal enfonçait le clou avec une malice non dissimulée. Il était clair pour lui que Lise n'était qu'une bonne femme éprise de politique à qui il convenait de faire la leçon. Bien des années ont passé. Le journaliste en question, une petite gouape, selon un confrère du temps, est tout aussi arrogant. Je fais tout pour l'éviter. Ce que je peux m'en vouloir, même quarante ans plus tard, de mon attitude ce soir-là ! J'aurais dû proposer à Lise de laisser seul à sa table ce bouffon prétentieux. Bien sûr, il est trop tard. Une des lâchetés de ma vie. Il n'a jamais lu Saint-Simon, celui-là.

11 février

À peine une semaine après la mort de Lise, une nuit où je ne parvenais pas à trouver le sommeil, je me suis mis à farfouiller dans une liasse de cartes postales et de lettres qu'elle avait conservées dans un tiroir de sa commode. Nulle indiscrétion de ma part : il s'agissait de propos que je lui avais adressés à l'époque où, réalisateur de radio à Radio-Canada, j'étais souvent en voyage. Je me souvenais d'avoir écrit certaines de ces cartes. J'ai toujours aimé voyager, toujours aimé revenir aussi. À l'étranger, je me sentais à la fois curieux et perdu. Autant j'avais eu besoin de l'éloignement, autant me manquait la présence de Lise et des enfants.

Me voilà donc, trente ou quarante ans plus tard, à trois heures du matin, relisant ce que j'avais écrit jadis. Tant de souvenirs me revenaient. Je ne pensais pas tant à la relation que j'avais faite d'un voyage, des écrivains que j'avais interviewés, des villes que j'avais découvertes, qu'à ce qu'elle avait pu ressentir en lisant ces bêtises d'un évadé. Il m'arrivait de lui dire que je l'aimais, deux fois plutôt qu'une, mais sans l'accent que j'aurais dû y mettre. De toute évidence, je paraissais tenir pour acquis notre bien-être. Il m'arrivait de faire état de ma mélancolie. Aux enfants, je racontais des balivernes. Peut-être auraient-ils souhaité que je sois plus sérieux. Quant aux illustrations des cartes postales, je les ai regardées un peu. Je m'étais donc rendu à Turin ou à Toulouse cette année-là, j'avais visité ce musée, ce château. Il ne restait plus rien de ce passé qu'une carte postale jaunie. Tout à coup, une lettre dans laquelle je disais à Lise que je l'aimais dans des termes qui sonnaient juste. Je rappelais l'importance qu'elle avait dans ma vie, je m'excusais de je ne sais plus quelle balourdise. J'avais donc été cet homme qui regrettait d'avoir donné des coups.

J'ai décidé de détruire cet amas de souvenirs. Une à une les cartes postales, une à une les lettres, déchirées méthodiquement et déposées dans le sac de déchets recyclables. Qui à part moi serait intéressé à ces gribouillages écrits à la va-vite? Nos enfants auront d'autres soucis. Me restera jusqu'à la fin, qui ne saurait être trop éloignée, l'étonnement d'avoir été si léger. Encore une fois, dans quel état était Lise quand je partais deux ou trois fois par année pour des absences un peu prolongées?

Avais-je le droit de m'esquiver de la sorte? Le travail était ma justification, mais était-il à ce point nécessaire que je m'absente si fréquemment? Il est trop tard pour m'amender. Alors pourquoi conserver ces rappels du passé? J'aurais aimé avoir une cheminée à portée. Entendre crépiter les flammes qui emportent les relents d'une époque révolue, quel délice probablement.

Il était six heures quand j'ai regagné mon lit. Je me suis endormi rapidement.

15 février

La thérapeute du CLSC était formelle. Il fallait que
Lise se serve d'un cadre de marche pour se déplacer. Des radiographies avaient démontré qu'il y
avait danger de fracture de la hanche. Pendant plusieurs jours, Lise refusa le recours à la « mar-
chette ». Elle y voyait un symbole de plus de sa
déchéance physique. Lors de sa seconde visite chez
nous, la thérapeute, une superbe jeune femme qui
par certains aspects me faisait penser à Lise jeune, a
fortement conseillé de remplacer le lit trop bas par
un autre mieux adapté à sa condition. Ce lit, appelé
par elle « lit d'hôpital », avait la particularité de
pouvoir être plus accessible, la tête et le pied pou-
vant être montés ou abaissés. Là encore, Lise était
réticente. Elle dut accepter quand il fut évident
qu'elle ne pouvait plus se lever de sa couche qu'au
prix d'épuisants efforts. Il a fallu se débarrasser du
matelas et du sommier. Lise me dit que, la prochaine fois, ce serait elle qu'on emporterait. Que
pouvais-je répondre? Je me suis approché, l'ai

47

entourée de mes bras. Il n'était pas question que j'aie recours à des paroles consolatrices. Elle n'y aurait pas cru.

Désormais notre chambre à coucher aurait toutes les apparences d'une chambre d'hôpital. Une chambre d'hôpital dont l'unique infirmier était un maladroit que l'émotion rendait pitoyable. Plus tard, elle me dirait que c'était ce jour-là qu'elle avait compris que vraiment tout était joué.

Sur le coup, elle avait multiplié les déclarations incendiaires. « Je ne veux plus vivre, qu'on me donne de la morphine au plus vite et que je crève ! De toute manière, je te libérerais. Tu aurais la paix ! »

17 février

Un jour, il y a quelques années, notre fils nous pro-
posa une balade en auto du côté de Sainte-Adèle.
Le projet ne se matérialisa pas. Pour Lise et pour
moi, c'était préférable. Cette petite ville des Lau-
rentides représentait à nos yeux un passé évanoui,
des années de notre jeunesse. Nous étions tous les
deux dans la jeune trentaine, les enfants appre-
naient les balbutiements de la vie. Six étés de suite,
Lise et les enfants passaient les deux mois des
vacances dans un chalet que nous louions. Au
début, je me souviens, j'avais dû emprunter l'argent de la location à ma belle-mère. À distance,
ces années nous paraissaient des années d'insou-
ciance. Comment retourner dans ces lieux sans
serrements de cœur ? J'aurais été angoissé, je le sais,
j'aurais pensé au temps qui était passé sur nous. Je
crois qu'il en était de même pour Lise. Entourée
de ses enfants, elle avait pleinement joui de ces
retraites estivales. Je les rejoignais pour le week-
end et le mois de vacances que me laissait mon travail de réalisateur à la radio.

Quarante ans plus tard, il n'était vraiment pas question de renouer avec ce passé-là. La vision du bonheur, ou de ce qui en tient lieu, supporte mal les retours en arrière. Comme si on craignait d'en diminuer l'intensité.

« J'étais encore dans la période heureuse où la main n'atteint pas le rêve », écrit Calet dans *L'Italie à la paresseuse*. Il y avait longtemps que notre main s'était emparée de nos rêves d'avenir.

20 février

Avec le temps, la chanson de Léo Ferré. Quand
j'avais un différend avec Lise, il m'arrivait de
mettre ce CD dans mon lecteur. « Avec le temps,
on n'aime plus », dit la chanson, l'une des plus
belles que je connaisse. Maintenant que Lise est
disparue, je ne peux fredonner cet air. Pour des raisons qui n'ont rien à voir avec mes réactions passées. Avec le temps, maintenant, j'aime davantage.
L'esprit d'escalier qui a souvent été le mien, je le
retrouve pleinement. Ferré parle de « celle qu'on
adorait, celle qui vous disait ne rentre pas trop tard,
ne prends pas froid ». Elle n'est plus à mes côtés, la
femme qui pendant si longtemps a veillé sur mon
bien-être. « C'était un échange, me dit-on. Toi
aussi tu veillais sur elle. » Pas toujours avec la
même constance, pourtant. J'ai été distrait parfois. Tout dans l'appartement où je survis depuis
quelques semaines me rappelle le soin qu'elle
apportait à la bonne marche des choses. Si, les derniers mois de sa vie, je crois avoir tout fait pour

atténuer sa douleur, si je suis parvenu parfois à oublier mon égoïsme naturel, ce n'était que justice. Je ne serai jamais parvenu à être quitte. Cette femme, je m'en rends compte chaque jour, était tout pour moi, l'amoureuse, l'amie, la sœur. C'est pour cette raison que j'erre dans l'appartement. La salle de séjour me donne à certaines heures l'impression d'un hall de gare que ne fréquenterait aucun voyageur. Avec en prime les objets qui me rappellent sa présence. J'ai changé la disposition de certains meubles, mais si peu. Elle s'y reconnaîtrait aisément. Et il y a toujours, face au téléviseur, le fauteuil où elle a attendu si longtemps la venue de la mort.

23 février

Au moins une chose que je lui ai dite avant qu'il soit trop tard. Un après-midi, alors que les infirmières venaient de lui faire sa toilette, ce qui chaque fois l'humiliait tellement, me l'a-t-elle assez répété, je lui ai dit qu'avant de la rencontrer je n'étais rien. C'est en sa compagnie, et grâce à elle, que j'ai pu sortir de l'insignifiance. J'en suis de plus en plus convaincu maintenant que j'ai retrouvé la solitude que je connaissais avant de la rencontrer. Cinquante-deux ans après, je suis redevenu un être de monologue. Des jours entiers sans même souhaiter m'adresser à quelqu'un. Vers qui me tourner? Les amis, j'en ai de véritables, j'ai aussi mes enfants qui m'entourent de leur amour, mais c'est elle qui me manque. Cet après-midi-là, elle n'a pas protesté. Elle m'a dit de ne pas pleurer. J'en avais déjà pris l'habitude. Devant les médecins, devant les infirmières, devant elle surtout. L'ai-je convaincue? On dit souvent que les écrivains écrivent parce qu'ils ne savent pas parler. La dernière année, en tout cas, sachant comme elle que l'irrémédiable viendrait, je n'ai pas été avare de déclarations. Lise était plus retenue. Si elle parlait volontiers de la mort, de la sienne, des dispositions que je devrais prendre à son décès, elle revenait sans cesse sur les enfants et les petits-enfants. Elle me faisait promettre de ne jamais les abandonner. Craignant sans cesse d'être pour moi un fardeau, elle s'excusait de m'imposer des visites quotidiennes. J'avais beau lui répéter que je ne souhaitais pas être ailleurs, que j'avais besoin de nos conversations, je ne la convainquais pas tout à fait. Encore une fois, je le répète, elle était parvenue dans une région de l'être à laquelle je ne pouvais avoir accès. Ma mort était différée, la sienne s'installait.

Je pleurais plus aisément qu'elle. Était-elle si forte ? Ou voulait-elle me ménager ? J'ai songé, je songe à des jours où je lui ai causé du chagrin et j'ai honte. Ce que j'aurais aimé la serrer dans mes bras, mais je ne le pouvais pas. J'aurais pu lui faire mal. Elle parlait de ses métastases, de ses douleurs à la tête et à la cheville comme on évoque une migraine. Elle me disait aussi : « Regarde-moi, de quoi ai-je l'air, sinon d'une vieille chose dont la mort elle-même ne veut pas ? » Mais non, elle était belle, c'était elle qui m'avait appris la beauté. M'a-t-elle cru ? Pourvu qu'elle ne se soit pas imaginé qu'il ne s'agissait que de paroles « consolatrices ». Les écrivains n'ont pas toujours conscience de la portée des mots qu'ils utilisent. Pour ma part, j'avais depuis longtemps oublié devant son état le recours à la littérature. La mienne et celle des autres. Je ne lisais plus que par obligation professionnelle.

25 février

Je n'ai qu'à penser aux souffrances de Lise, à son désarroi, pour ne pas céder à la tentation de geindre. Pendant cinquante-deux ans, j'ai pu compter sur sa présence. Il serait donc à peu près normal que je me retrouve seul. À soixante-dix-sept ans, personne ne s'étonne que vous soyez veuf. On n'y peut rien, mais le survivant que l'on est se retrouve dans un monde qui ne lui convient plus. Un jour de début décembre dernier, elle m'a dit : « Tu sais, j'aimerais bien être à ta place. » Comment ne pas croire qu'elle avait raison ? N'est-elle pas plus souhaitable que la mort, ma presque-vie ? Sûrement. Aurait-elle mieux supporté la situation que moi ? Je n'en sais rien, évidemment. Il me semble pourtant qu'elle aussi tenait au couple comme forme de vie. Et comment ! Des preuves de cet attachement, elle m'en a donné tellement. Quand je quittais l'hôpital vers dix-huit heures, la plupart du temps, elle s'attendait à ce que je lui téléphone de l'appartement avant vingt heures. Ce qu'elle avait à me dire alors relevait des choses les plus simples : une infirmière avait changé ses draps, une bénévole lui avait parlé d'un voyage qu'elle comptait faire en Savoie, une information glanée au journal télévisé de TV5 l'avait intéressée. Je me souvenais de la bénévole en question, une longue fille aux yeux langoureux. Elle était revenue lui tenir compagnie ? Oui, m'avait dit Lise. « Je lui ai parlé du voyage que nous avons fait à Annecy. C'était bien, non ? La promenade sur le lac, tu te souviens ? » Si je m'en souvenais ! C'était il y a au moins quinze ans. Nous étions loin de penser alors que s'achèverait un jour la période des voyages en couple. « Au moins, vous avez beaucoup voyagé », me dit-on parfois. Je ne le nie pas, mais d'avoir connu ce qui ressemble au bonheur ne vous console pas de l'avoir perdu.

28 février

Quand je me promène dans le quartier — je le fais même en hiver —, il m'arrive de tomber sur des solitaires. Ils ont dans le regard une sorte de fixité. À l'époque où Lise pouvait encore se déplacer, nous croisions souvent un vieil homme, quatre-vingts ans sûrement, l'âge qui sera bientôt le mien. Toujours seul, il déambulait lentement, regardant droit devant lui, paraissant étranger à ce qui se passait autour. Une fois, nous l'avions vu au restaurant, attablé avec un homme dans la cinquantaine et deux jeunes enfants. Il semblait s'animer un peu. Presque un autre homme. Parfois, un sourire se dessinait sur ses lèvres. Il parlait bas. Le fils était plutôt occupé par ses jeunes garçons. Il m'est arrivé de dire à Lise, quand nous rencontrions cet homme, qu'il s'ennuyait. Il a fini par nous saluer. Jamais un mot, à peine un signe de tête. Les beaux jours revenus, le reverrai-je ? S'apercevra-t-il que je suis seul, moi aussi ? Peut-être essaiera-t-il de lier connaissance. Avec les solitaires, on ne sait jamais.

Je ne le souhaite pas. L'été dernier, il a sûrement noté que je poussais un fauteuil roulant. Peut-être cette image lui a-t-elle rappelé un souvenir. Il aurait connu lui aussi l'humiliation d'être relativement bien portant, un mort en sursis pourtant, pendant que la femme aimée était attaquée mortellement. Peut-être n'a-t-il pas survécu à l'hiver. Ou le fils aperçu au restaurant a-t-il estimé que son père ne pouvait plus s'occuper seul de son appartement. Il l'aura convaincu d'attendre la mort dans une maison de retraite.

Ce sont des pensées de ce genre qui me visitent par les temps qui courent. Fin février. Lise me disait toujours à cette période de l'année que l'hiver ne finirait donc pas. Je viens de regarder les livres de ma bibliothèque. Il y en a trop. Je n'arriverai jamais à les lire ou à les relire. J'ai eu un grand appétit. Je me suis conduit en toutes choses comme si j'avais pu vivre en toute lucidité jusqu'à deux cents ans. J'ai accumulé les œuvres complètes d'écrivains qui ne m'intéressaient que moyennement. Plus tard, peut-être, je découvrirais leur jardin secret. Je les ai rangées, ces œuvres complètes, souvent sans même en ouvrir les premières pages. Le comble de ma goinfrerie : la correspondance de Voltaire dans la Pléiade, en treize volumes.

Depuis la mort de Lise, il m'arrive de me

demander à quoi sert de lire un livre puisque je ne peux pas en parler avec elle. « Ça vous passera », me disent les gens inspirés par les meilleures intentions du monde. Ils ont peut-être raison. Dans mon état actuel, toutefois, je ne le souhaite même pas. Ai-je réussi à oublier les morts qui ont marqué ma vie ? La perte de Lise m'a inoculé une tristesse qui jamais ne s'atténuera. Le vieil homme de nos promenades a-t-il ressenti les mêmes émois ? Il m'a semblé qu'il était plus placide que moi. Ai-je eu raison de l'imaginer ainsi ? A-t-il déjà été amoureux ? Si je le revois en mai, je me contenterai de hocher la tête.

2 mars

Quand elle abordait le sujet de sa mort prochaine,
à l'hôpital, Lise disait : « Je m'avance vers un mur. »
Si un bénévole ou un médecin employait devant
elle le mot de « sérénité », elle se rebiffait. Pourquoi
voulait-on tant qu'elle accepte avec légèreté une
mort qui ne pouvait signifier pour elle que l'entrée dans le néant ? le mur ? Pour elle, le constat
d'un échec devant la violence. « Et toi ? » m'a-t-elle
demandé. Que signifiait la mort pour moi ? Tout
au long de notre vie commune, combien de fois
n'avions-nous pas abordé ce thème ? Même à
trente ans, je parlais fréquemment du temps qui
passe, de la proximité de la mort. Qui de nous deux
partirait le premier ? Au fond, c'était la seule question. La chanson de Marc Ogeret qui donne son
titre à ce petit livre, je l'ai fredonnée sans arrêt pendant des années.

L'annonce du retour du cancer avait tout pré-
cipité. Elle mourrait avant moi. Parfois au restaurant, dans les semaines qui ont suivi la nouvelle

fatidique, nous avons évoqué l'époque de nos premières années ensemble, la naissance de nos enfants. Quand il a fallu renoncer aux restaurants, même à ceux qui se trouvaient à proximité, il y a eu le confinement à l'appartement. « Comment te débrouilleras-tu quand je ne serai plus là ? » me demandait-elle parfois. Elle pensait à l'organisation matérielle des choses, je tentais de la rassurer. Aucun de nous deux ne prévoyait mon désarroi. Tant bien que mal, j'avais pris en main la préparation des repas. Elle qui avait été une excellente cuisinière ne pouvait être satisfaite de mes tentatives. « Promets-moi que, lorsque je ne serai plus là, tu te nourriras convenablement », disait-elle. Elle craignait que je ne me clochardise, que je n'aie recours qu'à des surgelés, pour elle une abomination. Je fais maintenant mes petites tambouilles, en tâchant d'oublier que la table devant laquelle je suis assis nous a réunis trois fois par jour pendant peut-être trente ans. Il y avait aussi les réunions familiales, la présence des enfants et de leur progéniture. Jamais je n'aurais cru qu'elles me manqueraient à ce point, celles-là. Ma femme, mes enfants, mes petits-enfants, la vraie vie. La mienne n'a plus tellement de signification.

« La mort, pour toi, Gilles ? » me demandait-elle quelques jours avant sa disparition. Pour moi, il ne s'agissait pas d'un mur, mais d'une sorte de ventouse qui m'aspirerait. J'entrerais dans le néant en douceur. Elle m'écoutait, se disant peut-être que je n'en savais rien puisque je jouissais encore d'un répit. Je n'étais pas entré dans son monde après tout. J'imagine que je souhaiterais alors que l'on m'infuse les plus fortes doses de morphine afin que je perde au plus tôt une conscience qui ne pourrait que me plonger dans l'horreur. « Mon pauvre Gilles, tu parles comme quelqu'un qui ne se sait pas encore menacé », m'a-t-elle dit doucement. Je crois qu'on était le 3 ou le 4 décembre. Il lui restait à peu près trois semaines à presque vivre.

Ma chère Lise, je sais que ma mort est proche. J'aurais aimé mourir avec toi. Je te l'ai dit, la veille de ce jour où ta conscience s'en est allée. L'entrée de deux infirmières dans la chambre m'a empêché de m'expliquer plus à fond, mais il m'a semblé que tu ne souhaitais pas tellement entendre la suite. Peut-être as-tu cru qu'une fois de plus je parlais de ce que je ne connaissais pas.

4 mars

Depuis que la mort de Lise m'a terrassé, je pense souvent à nos premières années. Je n'arrête pas de me trouver insouciant. Est-ce que je m'imaginais que notre couple serait éternel? Je revois Lise avancer dans sa maternité, septième mois de grossesse, elle m'attendait à la descente du bus. Je revenais de travailler à Radio-Canada, une nouvelle occupation pour moi. Nous irions souper dans un boui-boui quelconque, un chinois situé pas très loin de notre logis. À cette époque surtout, le quartier de notre enfance comptait peu de restaurants. Aucun qui fût tellement convenable. De toute manière, nous n'avions pas l'habitude d'aller au-delà. Et puis, il y avait cette maison que nous achèterions peut-être. Pas question de trop dépenser. Je la revois encore, son corps déformé, son visage rieur, épanoui. Je ne comprenais pas grand-chose en ce temps-là, mais je me souviens de l'avoir trouvée émouvante. Cela se passait dans une rue où, trois ou quatre ans auparavant, j'avais appelé la mort.

De quoi avons-nous parlé au cours de ce repas? De mon travail à Radio-Canada, des choses dont elle s'était occupée pendant la journée. Peut-être s'était-elle plainte des maux de dos qui l'affligeaient. Plus sûrement des deux ou trois enfants que nous souhaitions avoir. Il fallait commencer par le premier. Ce fut une fille.

Comment ai-je pu vivre si longtemps sans avoir constamment à l'esprit les moments de ce genre?

5 mars

On ne vit pas tant d'années avec une personne sans connaître par cœur la plupart de ses gestes, sans prévoir ses réactions. Plus jeune, je tenais pour acquis à peu près tout d'elle. Comme si elle se devait d'être présente lorsque je le souhaitais, discrète aux moments où cela m'arrangeait. Je l'ai déjà noté, j'ai souvent été un compagnon distrait. Tâchant tout de même de ne pas heurter ma compagne, trouvant plaisir à lui être agréable. Seulement, j'écrivais. On ne se veut pas écrivain impunément. J'avais beau me croire vacciné contre les vanités de l'écriture, souvent avec raison, il n'empêche que je me soustrayais trop souvent à notre vie commune pour me complaire dans mes soliloques. Je ne m'en veux pas d'avoir consacré tant de temps à l'écriture. Persiste toutefois en moi le regret de ne pas avoir mieux aménagé, à certains moments, ma disponibilité. J'étais présent à ses côtés, mais trop souvent j'étais ailleurs en pensée. Elle s'en apercevait. Je m'informais de ses activités, de ce qu'elle avait lu, des films qu'elle souhaitait voir, mais étais-je vraiment à ses côtés? Elle me disait d'ailleurs d'un ton parfois amusé : « Tu ne m'écoutes pas. » La plupart du temps, elle avait raison.

Maintenant qu'elle ne m'est plus accessible que par la mémoire, je la revois sans cesse. Le moindre de ses gestes m'est familier. J'effectue les tâches domestiques dont elle s'occupait et me demande sans cesse comment elle les aurait exécutées. Je l'entends faire un commentaire sur la corvée que constitue parfois la préparation d'un mets. Tant d'années à accomplir les mêmes tâches. Il n'était que normal qu'elle en ressente une certaine lassitude. La dernière fois que je lui avais offert un livre de recettes, elle avait haussé les épaules. Vivrai-je assez vieux pour ressentir le même ras-le-bol? Pour l'heure, je ne suis que le malhabile exécuteur de travaux domestiques dont je m'occupe de mon mieux, mais à sa façon. Une autre manière pour moi de la ressusciter. Si elle me voyait, elle me dirait probablement que la plupart du temps je m'y prends mal. Je finirais par en être irrité. Nous serions en route pour un différend. Ou une courte bouderie. Mais elle serait vivante. Je ne serais pas tout à fait le spectre que je suis devenu, pantin inutile qui joue à être vivant.

6 mars

Je me dirige vers ma mort. Tant que Lise était à mes côtés, il me semblait que l'irréversible pouvait attendre. Nous avions soixante ans, soixante-dix, des choses devenaient plus difficiles. Pour elle, de fréquentes alertes du côté de la santé. Le passé avait depuis longtemps jeté une ombre sur l'avenir, dont nous ne parlions qu'avec prudence. La perspective d'un voyage éventuel nous a souvent permis de vivre avec un peu moins d'angoisse. Des soirées entières à peser le pour et le contre d'une destination. Assurément, il y aurait Paris, mais après? La Côte d'Azur, la Bretagne, Annecy, Saint-Malo, Angers? De Rennes, ne pourrions-nous pas nous rendre jusqu'à Douarnenez? J'avais passé quelques heures jadis dans la petite ville portuaire où habitait Georges Perros, écrivain qui a tant compté pour moi et que j'ai rencontré à cette occasion. Des options retenues spontanément puis rapidement remises en question. J'aimais les discussions de ce genre, c'était déjà être en voyage.

Le mois prochain, j'irai à Paris en solitaire. Tout est retenu. Vais-je réussir mon séjour parisien? Non pas l'oublier, elle. Je ne le souhaite pas. Mais marcher dans les rues de Montparnasse que nous avons tant fréquentées pendant une trentaine d'années sans en être terrassé? Les allées du Luxembourg, ses étangs, l'île Saint-Louis, les grandes places comme les petites impasses, la Contrescarpe, la rue Delambre, l'avenue du Maine, pourrai-je y déambuler sans trop de tristesse? Et surtout, ne me sentirai-je pas coupable encore une fois de jouir d'un privilège qu'elle ne pourra connaître?

Je sais pourtant que je dois partir. J'ai toujours eu besoin de m'évader. Jadis, le travail m'en donnait l'occasion, je ne renâclais pas devant ces obligations. À l'étranger, loin de Lise et des enfants — pourquoi le nier —, je pensais souvent à la mort. Les rues de la rive gauche, celles du Quartier latin surtout, m'ont toujours fait penser à Léautaud, que je m'imaginais aisément revoir, tenant son cabas, à la recherche d'animaux abandonnés.

Cette ville, Paris, je l'aime profondément. Chaque fois que je m'y rends, je crains que ce ne soit pour la dernière fois. Perros, dans *Pour ainsi dire*, note: « Ce qui m'étonne le plus dans les lieux que j'aime, c'est qu'ils sont toujours là quand j'y retourne. » Paris sera toujours là, mais Lise n'y sera pas. Dire que j'ai parfois souhaité, ces années où je n'étais plus réalisateur à Radio-Canada, donc libre, refaire au moins quelques voyages en solitaire. Je serais seul, d'accord, mais elle m'attendrait au retour. Rien de tout cela n'est plus possible. Comme si je ne savais pas que l'âge nous menaçait tous les deux, que nous étions devenus des victimes éventuelles, des candidats pour la mort. J'ai souvent dit qu'elle ne m'effrayait pas tellement, celle-là, que seule comptait pour moi la menace des souffrances qui accompagnent sa venue très souvent. J'ai déjà fait mien cet aphorisme d'Elias Canetti : « Devant la mort, accélérer, accélérer. » Je ne sais plus qu'en penser. J'ai soixante-dix-sept ans, la vie ne m'enthousiasme plus, mais je ne veux pas mourir. « Il ne faut pas confondre l'appétit de vivre avec l'approbation de la vie », écrit le même Canetti. Me resterait toutefois, en quelque sorte, un goût pour la survie.

8 mars

Quand il est devenu évident que Lise ne pouvait plus circuler dans l'appartement sans un cadre de marche, elle m'a prié d'en aviser la voisine d'en dessous. Elle craignait que la jeune femme, qui jamais ne s'était plainte, ne soit incommodée par le bruit qu'occasionnaient ses déplacements. J'avais beau invoquer l'insonorisation de l'appartement, je ne la convainquais pas. Pour l'apaiser, je me suis rendu chez ladite voisine. Laquelle a paru surprise de ma démarche et m'a tout de suite rassuré. Quand je suis remonté à l'appartement, Lise était toujours aussi inquiète. « Même quand je marche la nuit, elle n'entend rien ? » Il lui arrivait de plus en plus fréquemment de se lever à trois ou quatre reprises. Il lui était devenu pénible de se rendre aux cabinets. Elle avait peine à se rendormir, ses déplacements ayant été de plus en plus ardus. « Comment feras-tu pour te reposer ? » me demandait-elle. Puis, immanquablement : « Je m'excuse de t'ennuyer de la sorte. » Parfois aussi : « Je n'en ai pas pour longtemps, tu auras la paix. »

Je protestais, je disais qu'il n'était que normal que je sois à ses côtés. À mon tour, je m'excusais d'être un bien piètre infirmier. Très souvent l'émotion me paralysait. Ma gaucherie naturelle s'en trouvait amplifiée. Il était deux heures du matin, elle avait eu toutes les peines du monde à atteindre son lit, je soulevais ses jambes une par une en prenant soin de ne pas lui causer de douleur à la hanche. Elle grimaçait de douleur. J'attendais qu'elle ait trouvé une position qui lui parût acceptable, je remontais ses couvertures, je lui touchais le front. Je lui disais que je l'aimais. Elle me souriait. J'ajoutais parfois qu'avant de la connaître j'étais désarmé. Elle avait vécu avec un amputé. Oui, nous avions des bouts de conversation de ce genre. Elle finissait par trouver le sommeil. Elle dans son lit surélevé, moi sur ma couche. Elle disait aussi : « Je me suis occupée de toi parce que je t'aimais. Tu es bien gentil de me dire que je suis belle, mais je ne te crois pas. C'est la mort qui vient. »

Dans l'obscurité de notre chambre, je ne disais plus rien. Parfois le sommeil ne venait qu'aux petites heures du matin. Se levait-elle, je me levais à mon tour. Quand il lui arrivait de devenir exaspérée tellement était intenable sa situation, elle me prenait à partie. J'étais maladroit, je manquais de patience, je la brusquais. La plupart du temps, je gardais le silence ou je protestais faiblement. La douleur la rendait injuste. Comment faire plus ? Tout empoté que je pouvais être, je faisais de mon mieux. Une seule fois, je lui ai répliqué sur le même ton, le regrettant aussitôt.

Dès l'arrivée de l'été, il devenait difficile de l'entourer de mes bras. Son corps qui m'avait tant fait rêver, je pouvais à peine le regarder. Je n'ai jamais cessé de la complimenter sur le galbe de son visage, de ses hanches. Elle protestait. J'ai toujours senti toutefois qu'elle ne détestait pas ce genre d'observations. Je devais tout de même être un peu convaincant, persuadé que j'étais de sa beauté. « Tu représentes pour moi la féminité », lui disais-je. Elle me répondait : « Ce qu'il en reste. » Comment lui révéler que, lorsqu'elle se mettait au lit pour la nuit, me tournant le dos afin que je ne remarque pas le sein que le cancer lui avait enlevé, j'étais tout admiration devant ses hanches, ses reins, ses fesses ?

Ma femme, celle qui m'avait appris la beauté, celle qui m'avait accompagné pendant tant d'années, celle dont le corps m'avait permis d'exulter, réduite à se cacher devant moi ! Nous en étions là.

« C'est chose tendre que la vie, et aisée à troubler », écrit Montaigne. La tendresse ne nous avait pas quittés. La vie nous menaçait.

11 mars

Le jour de son entrée à l'hôpital, le 16 octobre, il fallut attendre six heures l'arrivée de l'ambulance. Lise était complètement paniquée. Elle craignait qu'on ne retienne pas sa chambre. L'hôpital nous paraissait à tous deux l'unique solution. Les derniers jours avaient été insupportables pour elle. À l'humiliation qu'elle subissait déjà depuis plusieurs mois s'ajoutaient maintenant des obligations plus astreignantes. Elle ne quittait plus son lit. Je lui répétais sans cesse que je ne faisais que mon devoir en pareille situation, elle se sentait rabaissée.

Lorsque, le matin, nous avions appris qu'une chambre lui était réservée, elle s'était tout de suite mise à choisir les vêtements et les articles de toilette qu'elle me demanderait de mettre dans un fourretout. Bien peu de choses. Elle ne savait que trop que son séjour à l'hôpital serait court. Nous ne pouvions pas savoir que le cheminement de la maladie serait plus lent.

Les ambulanciers, de jeunes garçons fort

amènes, finirent par arriver. « Je ne reverrai plus l'appartement », me dit-elle faiblement, de manière à ce qu'ils ne l'entendent pas. Je lui touchai le bras, détournant le regard, les yeux embués. Que pouvais-je dire pour soulager sa peine? Rien. Depuis tellement de jours il n'était plus guère question entre nous que de la mort. « Toujours sentir la mort, sans participer à aucune des religions consolatrices, écrit Canetti, quelle entreprise hasardeuse et pleine d'horreur. » À ce moment précis, j'étais loin d'avoir en tête quelque citation littéraire que ce soit. J'étais pleinement conscient du moment que nous vivions. Qu'elle vivait. Dorénavant, je serais seul. L'un des ambulanciers, un jeune gars dans la mi-vingtaine, nous apprit qu'il serait père pour la première fois dans moins d'un mois. Il remarqua que le jardinet, qu'il est possible de voir en franchissant la passerelle qui mène à notre appartement, était joli. Sans penser à mal, évidemment, il ajouta : « C'est bien, chez vous. » Comment a-t-elle reçu cet avis, elle qui savait qu'elle ne reviendrait pas? Très souvent, quand je franchis cette passerelle, je pense à la pauvre Lise sur la civière.

14 mars

Je la cherche sans cesse. Plus que le manque, je ressens une injustice. Pourquoi elle et pas moi ? Pourquoi surtout cette guigne qui a assombri les dix dernières années de sa vie ? Combien de fois depuis sa disparition n'ai-je pas eu le réflexe de m'adresser à elle ? Il fallait que je lui dise qu'un tel ferait un voyage, qu'un autre venait de mourir. Et aussi les petits détails de la vie quotidienne, la fermeture d'un restaurant, la démolition d'un immeuble. Quand je revenais à l'appartement, j'étais en quelque sorte l'éclaireur qui rentrait au domicile. Depuis tant de mois, elle ne sortait pratiquement plus.

Je me souviens tout à coup de cette femme qui, à la sortie de l'hôpital, me demande si j'ai la foi. Je réponds que non et me dirige vers l'arrêt d'autobus. Elle me rejoint. « Que vous soyez croyant ou non, ça n'a pas d'importance, je serai au ciel pour vous y accueillir », me dit-elle en souriant. Je me retiens de lui dire que pour moi tout ce qui compte, c'est la détresse de Lise, que je viens de quitter. Je n'ai vraiment pas le goût de perdre mon temps à des considérations oiseuses. Ainsi donc, elle est sûre, celle-là, que le paradis existe et qu'elle en sera. Quelques minutes s'étaient écoulées depuis que j'avais vu Lise, qui m'était apparue si désespérée. Elle m'avait reparlé des dispositions qu'elle souhaitait que je prenne à sa mort. M'occuperais-je bien des enfants? « Ils ne semblent pas menacés, mais n'empêche, tu ne les abandonneras pas? » m'avait-elle demandé encore une fois. Les redites, les paroles que l'on prévoit, c'est un peu beaucoup la vie d'un couple. Nous nous étions tant parlé. Que Lise ait eu les enfants en tête, surtout ces jours-là, n'avait rien d'étonnant. C'est elle qui a tissé la vie de famille qui me porte depuis si longtemps.

Pendant des semaines, j'avais souhaité que la mort vienne mettre fin à son supplice; c'est moi qui ai demandé instamment à notre médecin de famille, un homme exceptionnel, de tenter de hâter son entrée à l'hôpital. « Hôpital », mot commode: c'est d'un mouroir qu'il s'agissait. Elle ne le savait que trop. Alors la bonne femme, certes pas blâmable pour autant, la bonne femme avec sa vie éternelle assurée, comme je m'en balançais! Le bus n'arrivait pas. L'autre ne me quittait pas des yeux, souhaitant reprendre la conversation. Peut-être a-t-elle cru que je finirais par accepter le dialogue. Elle ne pouvait savoir que Lise avait refusé tout échange avec l'aumônier chargé de lui apporter ce qu'ils appellent dans sa caste les « consolations » de la religion. « Des bouffons, tous », disait-elle. L'inconnue ne se résignait pas. Le bus arrivait lorsqu'elle m'a dit qu'elle prierait pour moi.

16 mars

Comme je l'ai noté dans ce carnet il y a quelque temps, Lise ne ressentait plus que des douleurs bénignes les premières semaines de son séjour à l'hôpital. J'allais la voir tous les jours. J'arrivais vers deux heures, repartais vers cinq ou six heures. Je connaissais par cœur le rituel auquel ma femme était soumise, je savais où se trouvaient les personnes-ressources, je m'étais habitué à fraterniser avec les bénévoles qu'elle acceptait, je m'éloignais des autres. J'ai dit aussi qu'elle s'était mise à craindre, puisque le cancer ne semblait pas progresser, qu'on ne la renvoie à l'appartement. Elle oubliait que les protubérances qu'elle avait à la tête et à la cheville ne cessaient de prendre du volume. Un jour, en souriant, elle m'a dit : « Elle est belle, ta femme, complètement impotente, incapable de se lever de sa couche, inapte à faire sa toilette toute seule. » Je lui avais répondu qu'effectivement je la trouvais belle. M'a-t-elle cru, même l'espace d'un instant ?

Nous n'avions pas tardé à reprendre le fil de nos conversations passées. En présence d'une bénévole avec qui elle conversait sans déplaisir, elle a parlé d'une croisière que nous avions faite en Méditerranée. À l'entendre, ce jour-là, on aurait pu croire que nous pourrions reprendre l'expérience. L'espoir était-il revenu ? La bénévole à peine partie, elle m'a dit : « Elle est tellement gentille que je me suis efforcée de jouer le jeu. » Et puis : « Elle n'était quand même pas si mal, cette croisière. » Quand elle ne serait plus là, à son avis, rien ne m'empêcherait de refaire l'expérience.

Je n'allais tout de même pas lui dire que je songeais parfois aux voyages que je ferais après sa mort. Ils seraient pour moi une façon de juguler ma peine. Dans un peu moins d'un mois, je partirai pour Paris. Comment réagirai-je devant cette ville que nous avons visitée tant de fois ? Traversant le pont Neuf, comment n'entendrai-je pas Lise me vanter la splendide perspective que l'on a de cet endroit ? Elle le disait chaque fois. Il est sûr que j'aurai la larme à l'œil. Lise m'a laissé dans un état lamentable. Je ne peux le nier, j'ai honte d'être encore de ce monde pendant qu'elle n'y est plus. Après tout, c'est elle qui m'a empêché de désespérer. Avec elle, j'oubliais parfois pendant quelques jours que la vie est absurde. « Quelle couillonnade », aurait dit Valéry sur son lit de mort. Je ne suis pas tout à fait d'accord : la vie peut être supportable si on a quelqu'un qui partage son désarroi. Je sais bien que mes enfants, que quelques amis sont là, mais il me manquera toujours cette femme qui m'a éveillé à la seule sérénité dont j'ai été capable.

Elle était de mon quartier. Nous vivions selon les mêmes règles. Jamais je n'ai rencontré quelqu'un d'autre qui vibre au même diapason que le mien. Nous sommes partis d'un même point pour aboutir ensemble à un même arrêt. Je vivais avec elle, quoi que j'en aie, dans ce qui ressemblait plus ou moins au lieu de notre enfance commune. Je me sens en exil.

18 mars

Lise a eu jusqu'à la fin le souci de me protéger. Elle craignait, je l'ai écrit l'autre jour, elle craignait qu'à sa disparition je ne sache pas très bien me débrouiller dans l'organisation matérielle de ma vie. Elle savait aussi que j'étais porté à la mélancolie. À trois ou quatre reprises, elle m'a dit qu'elle ne me demandait pas de vivre seul après sa mort. Je lui disais qu'il n'était pas question que je recommence ma vie. Jamais je ne demanderais à une femme de partager ma désolation. « Ne me promets rien », disait-elle alors. Elle ajoutait qu'elle disparue j'aurais le champ libre. Maintenant qu'il ne reste plus d'elle qu'un petit amas de cendres dans une urne, je suis persuadé qu'il faut qu'elle vive dans ma mémoire. Jusqu'à la fin. Je lui dois cette fidélité, moi qui n'ai pas toujours su la lui offrir. Ce n'est pas pour rien que j'ai placé un peu partout dans l'appartement des photos d'elle. J'ai toujours été attiré, fasciné même, par la beauté féminine. À l'adolescence, comme pour tout jeune mâle, c'était le corps des femmes qui m'attirait. Il m'a fallu quelques années pour m'apercevoir que la compagnie d'une femme m'était nécessaire. Celle qui a incarné cette présence essentielle ne peut plus exister que dans le souvenir que j'ai d'elle. Maintenant que tout paraît terminé, j'ai le devoir de perpétuer cette présence qui m'a si longtemps accompagné. Pour paraphraser la confidence de Buzzati, vraiment je suis devenu le petit homme qui se souvient d'avoir vécu. Je vais continuer d'admirer les femmes, d'être fasciné par elles, par leurs gestes, d'être un inconditionnel de leur beauté, de leurs corps, mais en nostalgique impénitent.

20 mars

J'ai déjà pris l'habitude de m'imaginer que Lise surveille mes gestes, qu'elle s'amuse de certains d'entre eux. Au fond, je me comporte comme si je croyais qu'elle m'observe. Elle se pencherait sur moi, veillerait sur ma destinée. Je réagis tout à fait comme un croyant. Il ne serait peut-être pas mauvais qu'il en soit ainsi. À ma façon, je suis un croyant. Je la rejoindrais dans un quelconque éden, le plus tôt possible. La dame que j'ai rencontrée à la sortie de l'hôpital ne doit pas penser autrement. D'où elle serait, Lise me verrait vieillir encore davantage, elle serait de plus en plus triste de me voir perdre de mon autonomie, elle voudrait me prêter assistance. Les pensées de ce genre font long feu. Comment les entretenir avec ténacité ? La déchéance physique qui s'annoncera, pour peu que je vive longtemps, je n'y songe pas tellement. Elle viendra si j'ai la malchance de m'incruster. Ceux qui me disent que vivre vieux est souhaitable, devenir nonagénaire, puis centenaire, ne se sont pas arrêtés à l'exil forcé que signifie le vieil âge. Quel intérêt peut présenter ce qui tient lieu de vie lorsque les gens qui vous entourent n'ont pas connu ce que vous avez connu et qu'ils trouvent dépassé ce qui vous paraît une quasi-nouveauté ? Vivre à deux, vieillir à deux, n'était pas une vie en sursis. Il y avait nos secrets, notre complicité, notre humour, imperméable pour tout autre que nous, notre sentimentalité souvent naïve, nous, en somme.

22 mars

Comment puis-je, en parlant d'elle, ne pas me répéter ? Je l'ai dit, elle était secrète. Quand j'ai fait sa connaissance, elle venait de rompre des fiançailles. De cette période de sa vie, je ne sais rien. Dans l'album de photos des années qui ont précédé mon arrivée dans sa vie, des pages ont été enlevées. Je peux bien l'avouer maintenant, je n'aurais pas détesté voir la tête de cet homme. Le rencontrer ne m'aurait pas déplu. Rien de ce qui concerne Lise ne m'est indifférent. Je n'ai jamais eu tout à fait la même discrétion qu'elle. Je fais de la radio, j'écris des livres. À ma façon, j'ai donc été indiscret. Évitant le cabotinage autant que faire se peut, me faisant une règle de ne jamais rien dévoiler de notre vie commune, j'ai quand même été à ma modeste façon un homme public. Lise supportait mal qu'on m'aborde dans la rue quand nous nous promenions. Ce qui, heureusement, ne se produisait pas si souvent. À l'hôpital, parfois, elle paraissait agacée qu'on lui parle de moi. Elle disait :

« Ces gens ne s'intéressent à moi que parce que tu fais de la radio. » Cette reconnaissance, qu'elle exagérait, je m'en servais pour obtenir des médecins des éclaircissements au sujet de la progression de la maladie.

Pendant les deux premiers mois, on se contenta de me répondre que le cancer n'évoluait pas tellement. Lise devenant de plus en plus angoissée, je souhaitais que la mort vienne. Ce serait pour elle la délivrance. Je ne pouvais pas savoir tout à fait l'étendue de la dévastation à venir. J'ose croire que, l'appréhendant à sa juste intensité, j'aurais eu la même attitude.

Les infirmières, les médecins, les bénévoles savaient que nous étions mariés depuis cinquante-deux ans. Lise, si peu prompte à se révéler, leur avait tout appris. Elle en était fière, m'a dit un jour le médecin en stage. Je revois encore les larmes qui perlaient dans les yeux de cette jeune femme quand elle nous annonça qu'elle était mutée ailleurs. Lise se confiait volontiers à elle. Elle ne s'est jamais consolée tout à fait de son départ.

Le jour fatidique approchait. Je ne le voyais pas venir.

26 mars

Ce n'est ni la nostalgie, ni le remords, ni le chagrin qui me font dire que Lise ne faisait pas son âge. Alors que mes cheveux avaient blanchi dès la jeune quarantaine, elle n'a jamais eu à recourir à quelque teinture que ce soit. L'ovale de son visage ne s'était pas tellement transformé. Les quelques ridules à peine perceptibles de son front et de ses joues ne faisaient qu'ajouter à sa beauté, la rendre plus émouvante. Ce n'est que vers les derniers jours à l'hôpital que je l'ai trouvée un peu décharnée. Souvent, quand j'arrivais dans la chambre, elle dormait. Je la regardais avec le plus d'intensité possible. Je savais qu'à son réveil elle me reprocherait de ne pas avoir signalé ma présence. Pour moi, la contemplation de son visage était une autre façon de dialoguer avec elle. La regarder sans qu'elle en ait connaissance était une sorte de privilège pour moi. Je pensais souvent à ces photos qui la représentaient à toutes les étapes de son enfance, de son adolescence et de ses premières années de femme.

L'usure du temps était venue. Le corps n'avait plus la même souplesse, les mouvements étaient plus lents. De le constater n'a jamais rien enlevé à ma fascination.

Quand une infirmière apparaissait dans l'encadrement de la porte, je savais que je devais m'éclipser pour quelques minutes. Avec l'aide d'une compagne, elle changerait les draps, s'occuperait de l'hygiène corporelle de ma femme. Quand je revenais au bout d'une vingtaine de minutes, il n'était pas rare qu'elle dise : « Tu vois où j'en suis rendue, je suis devenue une loque. » J'avais beau lui dire que les infirmières accomplissaient un travail dont elles avaient l'habitude, Lise n'en tenait pas moins à s'excuser constamment auprès d'elles. Un jour, l'une d'entre elles me demanda quel âge elle avait. Elle avait soixante-dix-sept ans, en paraissait à peine soixante. « Vous l'aimez », me dit un jour la jeune stagiaire dont j'ai parlé. Si je l'aimais ! Voyant mon trouble, la jeune femme me tendit un papier mouchoir. Je l'aimais, j'étais de moins en moins le compagnon distrait. Je souhaitais toujours sa mort, mais je commençais déjà à craindre le moment où elle viendrait. À peu près un an auparavant, on m'avait téléphoné à six heures du matin pour me dire que ma jeune sœur n'en avait plus que pour quelques heures. Si je voulais la voir vivante… En serait-il de même pour Lise? Le médecin que je consultai cet après-midi-là me dit qu'il était impossible de prévoir le moment du décès, que rien pour l'heure ne laissait présager une fin proche. «Où étais-tu?» me demanda Lise quand je revins à la chambre. Mon absence avait été un peu plus longue que d'habitude. Il n'était pas question que je lui révèle l'objet de ma conversation avec le médecin: j'inventai une histoire. Une bénévole, ancienne employée de Radio-Canada, m'avait retenu. Elle a paru me croire.

Inch'Allah! me suis-je dit en quittant l'hôpital une heure plus tard. La grâce de Dieu, je n'y croyais pas, je me sentais de plus en plus aux prises avec un hasard maléfique, mais que pouvais-je espérer d'autre?

30 mars

Noël approchait. Depuis quelques jours, à l'étage des soins palliatifs, régnait une sorte d'atmosphère festive. Des décorations un peu partout. Plusieurs bénévoles s'étaient coiffés d'un bonnet rouge surmonté d'une houppe blanche. Peut-être avais-je tort, mais je trouvais déplacés et même grotesques ces déguisements. Pas ma faute, je ne me suis jamais senti à l'aise dans une atmosphère de cette sorte. Qu'y avait-il à fêter ? L'imminence de la mort ? Quel cadeau pouvais-je offrir à Lise pour Noël ? Déjà à son anniversaire, le 22 octobre, j'avais dû m'abstenir. Elle ne lisait même plus les magazines que je lui apportais. Pas question évidemment de lui acheter un bijou, un chandail, un parfum. Depuis deux mois, elle n'avait revêtu qu'une jaquette mise à sa disposition par l'hôpital. Elle qui avait tant aimé les bons restaurants en était réduite à des demi-portions de pâtes alimentaires trop cuites, nappées d'une sauce tomate industrielle. Très souvent, elle ne touchait même pas aux desserts.

Comment pouvait-elle s'imprégner de ce qu'on appelle « l'esprit des fêtes » ? Depuis l'apparition du spectre du cancer, cinq ans plus tôt, nous ne nous donnions même pas la peine de décorer un sapin. Les Noëls tout blancs, nous n'en rêvions plus depuis longtemps.

2 avril

J'ai raconté comment, en 1957, j'ai fait la connaissance de Lise. Souvent, à l'hôpital, en la regardant dormir, je me suis demandé ce qu'aurait été ma vie si je ne l'avais pas rencontrée. Le destin a d'étranges caprices. J'aurais fait d'autres rencontres, je serais peut-être devenu instable, cherchant comme tant d'autres la compagne idéale. *Sweet Smell of Success*, le titre de ce film qui avait tout bouleversé pour moi. Le succès, je ne l'ai jamais recherché avec trop d'ardeur. Le mot me fait peur. Vivre avec Lise, poursuivre un dialogue qui n'a jamais cessé était bien plus qu'un succès : une façon de retarder la venue de l'enfer, une manière de rendre habitable la solitude, qui n'a jamais été bien loin. Si j'ai trouvé auprès de cette femme tant de réconfort, c'est que j'étais persuadé qu'elle recherchait autant que moi une certaine solitude. Mais à sa façon qui me fascinait.

6 avril

Je rentre d'une promenade dans le Vieux-Port. J'ai croisé le solitaire dont j'ai parlé il y a quelques semaines. Il m'a paru marcher plus lentement que l'automne dernier. Peut-être a-t-il connu un hiver difficile. Nous ne nous sommes pas salués. J'allais le faire quand je me suis aperçu que, selon toute apparence, il ne me reconnaissait pas. J'avais une fois de plus les yeux embués. Je venais d'apercevoir les deux ou trois monuments autour desquels nos petits-enfants avaient joué l'été précédent. Lise était alors en fauteuil roulant. Peut-être était-ce la dernière fois qu'elle quittait l'appartement. Elle savait qu'elle ne reviendrait pas dans ces lieux qu'elle aimait tant. « Je ne verrai pas grandir les enfants », disait-elle. Elle était à l'âge des abandons. Chaque jour, ou presque, elle renonçait à quelque chose. Tout à l'heure, aussi, je me suis souvenu que la mort l'avait au moins délivrée de ces tristesses-là. Sa lente agonie, des mois à se dire qu'elle ne se rendrait peut-être pas jusqu'à Noël. Pourquoi a-t-elle souffert si longtemps ?

Nous sommes aux premiers jours d'avril. Il y a de moins en moins de blocs de glace à la surface de l'eau. Pour rappeler que l'hiver n'est pas terminé tout à fait, des amas de neige sale nous font cortège le long de la promenade. L'eau fascinait Lise. Les dernières années, je l'ai dit, nous allions à Saint-Malo. Une semaine à peu près avant sa mort, le patron des soins palliatifs à l'hôpital Notre-Dame, le Dr Vinay, est venu lui rendre visite. En ma présence. Il nous a fait entendre un instrument de percussion dont se servent les musiciens de jazz et qui s'appelle *ocean drum*. Il suffit de pencher et de remuer une sorte de boîte circulaire dans laquelle se meuvent de petites boules d'acier. Le bruit que l'on obtient ainsi ressemble à s'y méprendre au murmure que produit le ressac des vagues de la mer. Le visage de Lise s'est illuminé. Elle a parlé d'un voyage que nous avions fait à Honfleur. « Tu te souviens, Gilles, tu cherchais des traces d'Alphonse Allais ? » À la suggestion du médecin, j'ai manié à mon tour la boîte magique. Lise prenait le médecin à témoin des très hautes vagues que nous avions vues à Granville il y a si longtemps. Je sentais dans sa voix une tristesse inouïe. Le Dr Vinay m'a dit qu'on pouvait acheter ce joujou chez les marchands d'instruments de musique. Je me suis rendu chez Archambault dimanche dernier. La

seule vue de la boîte m'a sidéré. Pourquoi le médecin lui a-t-il fait entendre ce simulacre du bruit de
la mer ? J'imagine possible, et le souhaite ardem-
ment, que l'impression de paix que procurait cet
instrument préfigurait le murmure que Lise a
entendu en entrant dans la mort.

7 avril

Je n'aime pas manger seul au restaurant. Aussi est-ce chez moi, la plupart du temps, que je prends mes repas. Dans l'un des appartements qui font face au mien, deux chats, l'un au pelage roux, l'autre à la robe gris et blanc, peuvent demeurer immobiles pendant de longues minutes, pour enfin se donner de légers coups de pattes. Je les imagine bien nourris, aussi heureux qu'on peut l'être dans leur condition d'animal dégriffé et castré. Est-ce vraiment le bonheur ou une passivité imposée ? Même pas d'oiseaux à capturer. Très souvent, je songe aux chats que nous avons eus à l'époque où nous vivions en banlieue. Ils finissaient tous par être fauchés par une auto, ou ils disparaissaient. Chaque fois, nous en étions catastrophés. Quel âge avions-nous, Lise et moi ? La trentaine, la quarantaine ? Entourés de nos enfants, agités par des projets. L'avenir avait encore un sens. Nos parents vivaient toujours. Ils ne trouvaient pas toujours grâce à nos yeux. Leur mort surviendrait

un jour, mais nous ne nous arrêtions pas longtemps à cette éventualité.

Tout à l'heure, j'ai mis au recyclage des conte-
nants en plastique dont je n'aurai jamais l'usage.
Lise les avait accumulés. Sans excès. Nous avons
toujours vécu dans les limites du raisonnable. Le
temps avait fondu sur nous. Nous ne recevions
plus que les enfants. Plus de ces petites réunions
qui ne se terminaient que vers trois ou quatre
heures du matin. Maintenant que je vis seul, les
services de vaisselle, le service de couverts, le seau à
glace, les nappes en dentelle, rien de tout cela ne
servira plus. Qui inviterais-je chez moi ? Mieux
vaut envisager le restaurant. Lise disparue, il faut
tout réorganiser. Plus jeune, je déplorais parfois
de ne pas jouir d'assez de solitude. J'en ai maintenant plus que je ne le souhaite. Des journées
entières pendant lesquelles je n'adresse la parole à
personne. Quand je me rendais encore à Radio-
Canada tous les jours, pour un travail qui jamais
ne m'a ennuyé, j'étais avare de mon temps. J'écour-
tais certaines conversations, même avec Lise,
j'avais la tête ailleurs. Maintenant qu'il est trop
tard, que je ne suis qu'un vieil homme qui se
promène dans sa mémoire, je perds mon temps
en toute conscience. La solitude tant souhaitée en
vient à me peser. La seule personne qui me la ferait

supporter n'est plus. En descendant à la cave le sac poubelle contenant les articles de ménage dont je voulais me débarrasser, je me disais que je n'arrêtais pas de détruire ce qu'elle avait construit. Mon saccage ne parviendrait jamais toutefois à effacer le souvenir de la vie que j'ai connue avec elle.

Les chats sont descendus du divan où ils étaient tout à l'heure. Il est temps que je me fasse un thé.

9 avril

Lise venait d'entrer dans le dernier droit de sa vie. Son domaine ne pouvait plus être tout à fait le mien. Elle savait, je ne savais pas. La mort, qu'elle avait tant souhaitée quand la douleur était trop forte, s'était mise à rôder. Elle avait dû accepter qu'on ait recours à la morphine. La méthadone ne suffisait plus. Quand elle me voyait partir, à quoi pouvait-elle penser, sinon à la mort ? Dans les mois qui avaient précédé son entrée à l'hôpital, combien de fois n'avait-elle pas dit : « Si j'avais le courage de me suicider ! » Je crois possible que, si elle avait eu le médicament idoine à sa portée, elle fût passée à l'acte. À l'hôpital, elle n'avait plus, surtout vers la fin, la force de se révolter. Souvent lorsque, rendu à l'appartement, je lui téléphonais, elle était toute douceur. Elle évoquait un souvenir de notre passé commun, rappelait un événement concernant nos enfants. Avait-elle pleuré dans les instants qui avaient suivi mon départ ? Cela est possible : il était souvent arrivé dans notre vie ensemble qu'elle me ménage. Il y avait en elle une force que j'ai rarement eue. Je n'oublie pas que j'en parle à la façon d'un romancier qui prête à des personnages des sentiments qu'il imagine plausibles. D'avoir passé sa vie avec un être ne nous permet pourtant pas d'interpréter ses réactions. Je ne peux qu'essayer de recréer ce qui a été.

Depuis la mi-décembre, un affaiblissement de ses forces était nettement perceptible. « Je dors tout le temps », disait-elle, en le déplorant. Avait-on, les derniers temps, augmenté les doses de méthadone? La morphine avait-elle commencé à saper ses forces? Les médecins que je consultais étaient évasifs. On ne cherchait qu'à atténuer les douleurs. Toujours, m'assurait-on, à la demande du patient. Lise m'avait si souvent dit craindre l'acharnement thérapeutique que je posais chaque fois la question qui me faisait mal. On ne prolongeait pas sa vie inutilement? On m'assurait que non.

Ce jour-là, le 18 décembre, j'étais assis dans le fauteuil qui faisait face au lit, dans lequel Lise venait d'ouvrir l'œil. Comme chaque fois : « Pourquoi ne m'as-tu pas réveillée? » Ma réponse était toujours la même. Je resterais avec elle plus longtemps. Nous aurions tout le temps de causer.

Je venais à peine de m'excuser qu'elle m'interrompit. « Gilles, je vais mourir », me dit-elle, sur un ton de détresse qu'elle n'avait jamais eu. Comme si, pendant ces jours d'attente à l'hôpital, quelque chose malgré tout lui avait donné de l'espoir. Maintenant, elle savait la mort toute proche. Les médecins avaient-ils cherché à me ménager ?

« Je vais mourir. » Pour la première fois, l'aveu définitif. Je l'ai crue, tellement était concluante et terrifiante sa reddition. Pour la première fois, vraiment, je ne pouvais plus rien pour elle. Qu'ai-je trouvé à lui dire ? Je ne sais plus. Mais sa voix, je l'entends encore.

10 avril

Le vendredi matin, l'infirmier m'accueillit en me
disant que la nuit avait été mauvaise. À peine entré
dans la chambre, je m'aperçus d'un changement.
Un bruit rauque emplissait la pièce. Je me souvins
que ma sœur, les derniers jours, avait eu un râle de
cette nature. Un indice qui ne trompait pas. Je me
suis approché d'elle, lui ai touché le bras. Je lui parlais tout doucement. Aucune réaction. Puis je crois
qu'elle a souri. Cette mort que j'avais si ardem-
ment souhaitée pour sa libération commençait
donc son œuvre. Combien de jours lui restait-il
encore ? Du fauteuil que j'avais regagné, je la regardais en pleurant à chaudes larmes. Comme je le
fais alors que j'écris ces lignes.

Je ne me souviens plus si j'ai pu parler à un
médecin. Ai-je même tenté d'en voir un ? Je ne sais
plus. Je me souviens en tout cas d'avoir assisté,
comme d'habitude, au train-train quotidien de
l'hôpital : visite des infirmières, du préposé à l'en-
tretien. J'étais effondré. Un bénévole est entré, son

bonnet de Noël sur la tête, le visage souriant. Je lui ai fait signe de sortir d'une manière abrupte qui ne m'est pas coutumière. Le pauvre homme en a déduit qu'il fallait alerter une infirmière. Laquelle n'a pas tardé à venir. Selon elle, tout était normal. J'ai compris tout de suite que la normalité en question signifiait que la maladie suivait son cours et que la femme que j'adorais n'en avait plus que pour quelques heures ou quelques jours à vivre.

11 avril

Le lendemain, jour de Noël, à l'étage, il y avait une activité plus fébrile que d'habitude. De nombreux visiteurs, souvent chargés de cadeaux. Le ton des voix avait monté, on entendait des airs de circonstance, des enfants s'agitaient dans les corridors. La vie suivait son cours. Ces gens avaient raison de chercher à oublier. Je pensais aux Noëls passés, à nos fiançailles qui avaient eu lieu ce jour-là, cinquante-trois ans auparavant. Lise ne paraissait pas avoir conscience de ce qui se déroulait tout autour. Ai-je imaginé qu'une gamine d'une dizaine d'années est venue nous souhaiter joyeux Noël? Depuis la veille, je n'étais plus qu'une ombre. La non-existence de Lise s'était emparée de moi. Je commençais ma vie de survivant.

13 avril

Le lendemain de Noël. Dimanche matin, comme d'habitude, je me rends à Radio-Canada. Il est neuf heures, je viens de terminer la lecture de ma chronique et me dirige vers l'hôpital. À peine quinze minutes à pied. Je ne sais pas encore que ce jour est le dernier que Lise passera sur terre.

Quand je pénètre dans la chambre, je vois tout de suite que son état s'est aggravé. Le râle qu'elle émet est plus puissant que la veille. Comme j'en ai pris l'habitude, je l'embrasse sur le front, je lui prends les mains. Sa respiration est pénible. La femme que j'aime ne tient plus à la vie que par les tubes qui l'aident à respirer. Son cancer nous a rapprochés. Triste nature que la mienne, moi qui ai eu besoin de cette saloperie pour être un complice complètement attentif. Il est bien temps de songer à la perte que je subirai. C'était au moment de nos jeunes années, quand je pouvais encore me blottir près de son jeune corps, qu'il fallait lui manifester ma reconnaissance. Tellement de temps perdu!

Ma femme se dirige vers le néant, je ne peux rien pour la retenir. Mes témoignages, mes déclarations, mes pleurs ne servent à rien puisqu'elle ne peut plus les entendre.

Il était convenu que France, notre fille, viendrait me relayer vers une heure trente. Quand je l'ai vue arriver, je me suis senti épaulé. Elle était l'intrusion de la vie. Ma fille était en beauté. Ses yeux vifs, son sourire, son attitude protectrice à mon égard et sa douceur inouïe pour le vieil homme que je suis devenu. Un peu plus tard, son frère, Sylvain, viendrait à son tour. « Si tu allais te reposer un peu ? » a-t-elle proposé. J'ai accepté d'autant plus volontiers que ma nuit avait été courte et que le frigo était vide.

Quand je suis revenu vers quatre heures, mes enfants m'ont accueilli dans le corridor. À leur air, j'ai su que quelque chose se passait. « C'est fini », a dit mon fils. Souhaitais-je la voir ? Je n'ai pas répondu, me précipitant dans la chambre.

Elle était venue, cette libération que nous avions tant souhaitée, tous les deux. Qui de nous deux ? La question que posait la chanson si émouvante de Marc Ogeret. J'avais eu ce disque à la maison du temps du 33 tours. Nous savions depuis plusieurs mois que, selon toute vraisemblance, ce serait elle qui s'en irait dormir « entre les oliviers ». Il n'y a pas d'oliviers au cimetière de la Côte-des-Neiges, où elle avait demandé d'être inhumée. J'ai embrassé cette bouche que la raideur cadavérique avait durcie. Les enfants ont certainement entendu les paroles insensées que j'ai prononcées. J'étais vraiment entré dans un monde dont je n'avais qu'appréhendé l'horreur.

26 avril

J'écris ces quelques notes sur une petite table de la chambre d'hôtel que j'ai réservée à Montparnasse. Il y a quatre mois aujourd'hui, Lise mourait. Quand j'ai pris la décision de faire ce voyage, aux premiers jours de janvier, je savais que je mettrais mes pas dans ceux de notre couple. Nous avons dû venir à Paris ensemble une bonne quarantaine de fois. Tout ici me rappellerait sa présence.

Comme je ne voulais pas l'oublier, mais au contraire maintenir en moi sa présence de la plus ardente façon, pourquoi reculer ? Huit jours que je suis dans cette ville. Au début, je me disais que j'éviterais les lieux que nous avions beaucoup fréquentés. Ainsi me suis-je promené autour du jardin du Luxembourg, le regardant comme une cité interdite. Puis, j'ai fini par y entrer. La dernière fois que nous nous étions promenés dans ses allées, c'était en septembre 2009. La fatigue la guettait. Pour traverser le parc, de la rue Vavin au boulevard Saint-Michel, il nous avait bien fallu faire quatre ou cinq haltes. Elle aimait particulièrement regarder jouer les enfants dans l'espace qui leur est réservé près de l'entrée de la rue Guynemer.

Hier, jour de Pâques, je suis allé à Chartres en train. Pendant quelques heures, j'ai joué au touriste. À Paris, je suis en quelque sorte un résident. À Chartres comme à Paris, pourtant, je me suis senti esseulé. À cinq ou six reprises depuis mon départ, j'ai eu le réflexe de prendre des notes afin de lui raconter le voyage que je faisais. Je n'agissais pas autrement au cours de ces lointaines années où, en voyage commandé, je parcourais la France. À Chartres, j'ai même assisté à une messe, moi, l'incroyant. Une cérémonie qui avait ses moments de grandeur, les chants sacrés entendus à la cathédrale Notre-Dame dont la majesté éblouit. Il aura fallu quelques mots prononcés par un officiant pour que la magie s'estompe un peu. La résurrection du Christ que l'on célébrait me paraissait toujours une faribole, mais comment ne pas avoir un regard compréhensif pour le nombreux public assemblé qui y croyait, lui, à ce spectacle ? Ça aussi, je le lui aurais raconté, à elle, aussi incroyante que moi, plus critique encore au sujet des religions. Moi qui n'arrive pas à me qualifier de veuf, ce que je suis pourtant, perdu dans une foule de croyants, ne parvenant pas à oublier pour bien longtemps la figure de l'absente. Mon regard se portait sur les vitraux d'une beauté à nulle autre pareille et racontant une foi que je n'ai jamais eue. J'étais perdu dans cette cathédrale érigée au XIIIe siècle. La musique me portait. Puis, la vue d'un couple de vieillards, qui ressemblait un peu à celui que nous avions formé depuis quelque temps déjà, m'a plongé dans une indescriptible détresse. Pourquoi pouvaient-ils être ensemble, eux ? Et moi, pourquoi étais-je vivant alors qu'elle était passée par la crémation ? La même question revenait. Et le vieux couple qui se lançait des regards dans lesquels j'avais cru reconnaître de la tendresse, une complicité. Le premier mouvement de protestation passé, je me suis retenu de leur dire de profiter des quelques moments qui leur restaient. La maladie, puis la mort pouvaient les séparer à jamais. Comme elle nous avait séparés.

À Chartres toujours, les souvenirs à rapporter ne manquent pas. La même bimbeloterie que l'on trouve partout pour peu qu'on voyage. J'ai pourtant réussi à faire l'achat d'un moulage artisanal d'une pièce du XIIe siècle languedocien dans une petite boutique en face de la cathédrale. Le thème : un jeune couple. Le titre de la petite sculpture : *Les Amoureux*. Lise l'aurait-elle aimée ? La question est idiote. Elle n'était plus là, celle qui m'attendait à la maison à l'époque de mes voyages en solitaire. J'ai donc rebroussé chemin, optant pour une déambulation dans les rues de la ville. J'ai abouti ainsi à une petite promenade qui longe l'Eure. Je me disais que j'étais parvenu à un moment de ma vie où il convient de se défaire de certaines choses. Pas question donc d'acquérir de nouveaux objets. Pendant qu'approchait l'heure du retour à Paris, j'ai pourtant décidé de revenir à ma première décision. Il fallait que ce moulage m'accompagne jusqu'à la mort. *Les Amoureux,* après tout, c'était nous.

28 avril

Ce voyage m'est une occasion de constater que de plus en plus je ne vis que par Lise. Certes, elle est loin, cette période où je lui rapportais de Paris robes et parfums. Je me rends compte que je n'ai pas perdu l'habitude de m'arrêter devant telle ou telle vitrine comme s'il était encore question de choisir une robe qui lui plairait.

Les coins que nous avons tant de fois explorés n'ont pas tellement changé. Pourtant, des restaurants ont fermé leurs portes, une librairie a été transformée en friperie, le cinéma de la rue d'Odessa où nous sommes si souvent allés ne présente depuis mon arrivée que des films sans intérêt, américains pour la plupart. Et partout, ces jeunes qui me font comprendre que mon tour de piste est près de se terminer. Les jeunes, pour moi, ce sont surtout les jeunes femmes, souvent dans la plénitude de leur féminité. Je ne suis que le vieux qui se souvient avec peut-être trop de nostalgie de sa propre jeunesse, qui ne fut pas très heureuse.

Seule l'arrivée de Lise dans ma vie était parvenue à l'éclairer.

Dans deux jours, je rentre à Montréal. Le 7 mai aura lieu l'inhumation. Demain, j'irai au cimetière du Montparnasse. Comme si je voulais en quelque sorte me conditionner. L'appartement vide que je retrouverai à Montréal me sera-t-il plus difficile à supporter que cette chambre d'hôtel où seul je refais des gestes que je faisais devant elle ? Vraiment, je suis un amputé.

29 avril

Je quitte Paris demain. Ai-je assez marché ces derniers jours ? Jusqu'à l'épuisement souvent. Il ne m'a pas été facile de me trouver presque à chaque coin de rue avec mes souvenirs. Je ne me suis attaché qu'à ceux qui racontaient ma vie avec Lise. Combien de fois n'en avions-nous pas parlé, avant de la connaître vraiment, cette ville que tant de livres, de films et de chansons avaient mise en lumière ?

Je me redis cette évidence : je ne suis plus qu'un vieil homme qui arpente son passé. Une moitié d'homme en réalité, puisque celle qui ne m'a jamais quitté pour longtemps n'est pas là. Ce n'est plus tout à fait moi qui arpente les rues de Montparnasse depuis deux semaines, c'est une partie de moi. Tout à l'heure, rue de la Harpe, je me suis souvenu de cet après-midi de juillet 1970 où Lise, dans la splendeur de ses quarante ans, m'attendait à la terrasse d'un café qui fait face à la place Saint-Michel. Un inconnu avait tenté de lier conversation avec elle. Rien d'étonnant. Elle était splendide. J'avais du retard, une entrevue à Radio-France avait été décalée pour je ne sais plus quelle raison. Nous étions à l'âge où l'on peut encore avoir des espérances. Je ne parle pas tellement de moi. Une cause perdue, constamment rongé par l'angoisse de la fuite du temps. Mais nous? N'aurais-je pas dû être conscient du bonheur que m'apportait cette femme? Pleinement conscient, sachant m'émerveiller, n'oubliant pas de remercier le sort de m'avoir permis de connaître enfin un peu de paix? Nous vivions les meilleures années de notre vie commune. Il y avait bien mon esprit qui s'évadait, qui m'inclinait à songer à ces livres à écrire. Mais elle? Les enfants la comblaient, j'en suis sûr. Était-elle raisonnablement heureuse avec moi? L'ai-je fait souffrir au-delà du supportable? Il y a quand même eu des moments, ces années-là, celles de notre quarantaine, où je me suis senti un peu prisonnier. Me libérer, mais pour aller où, je ne le savais pas. Lise a dû en ressentir de la peine. Une femme s'aperçoit aisément de ce genre d'absences.

Je rentre de ma promenade au cimetière du Montparnasse. La première fois que j'y suis allé, il y a bien trente ans, en compagnie de Lise, on pouvait acheter pour un franc un plan des lieux avec mention des sépultures les plus connues. Depuis quelques années, un panonceau à l'entrée nous guide. Clara Haskil, Léon-Paul Fargue, Soutine, Beckett, Cortázar, tant d'autres tout aussi célébrés en leur temps. Il était à peine neuf heures. Dans les allées presque désertes, seuls quelques employés s'affairaient. J'ai trouvé sans trop de mal la pierre tombale de Cioran, dont c'était, ces jours derniers, le centenaire de la naissance. Était-ce à cause de cet anniversaire qu'il y avait deux lampions pas entièrement consumés sur la tombe? Une tombe sur laquelle on ne lisait que les noms d'Emil Cioran et de Simone Boué, ainsi que leurs dates de naissance et de décès. Il m'a semblé qu'il me regardait d'un air narquois.

Lise m'a souvent parlé de son désir d'être inhumée dans la concession de son grand-père paternel. Je ne crois pas qu'elle attachait une importance particulière à ces dispositions. Il ne s'agissait que de formalités. Pendant des années, elle avait dit qu'elle ne voulait pas être incinérée. À la réapparition du cancer, elle avait pourtant adopté cette solution. « Ce sera plus facile pour toi », disait-elle. Tout à l'heure, je me suis rappelé que lors de notre première visite au cimetière, nous avions repéré la tombe de Baudelaire. Grâce au panonceau auquel je faisais allusion tout à l'heure, je n'ai eu aucun mal à trouver le cénotaphe de la famille Aupick. La mère de Baudelaire, je l'avais oublié, était une Archenbaut. « Un peu ton aïeule », avait dit Lise. En plus, elle était née à Honfleur, la patrie d'Alphonse Allais. J'étais en pays de connaissance. Ce matin, personne ne me taquinait. Pourquoi n'était-elle pas présente ? Nous aurions échangé quelques mots, puis nous nous serions dirigés vers le petit marché de la rue Edgar-Quinet.

10 mai

Il y a trois jours a eu lieu l'inhumation. Présence
de la sœur de Lise, de son mari, de nos enfants, de
notre belle-fille et de nos petits-enfants. Aucune
cérémonie religieuse. Ni Lise ni moi n'en avions
souhaité. Lorsque le guide qui nous avait dirigés
vers le lieu de la sépulture m'a demandé si je voulais déposer moi-même l'urne dans la terre, j'ai
refusé. J'ai touché une deuxième fois au vase. Une
sorte de dernière caresse à un corps qui avait tout
représenté pour moi. Pas question de serrer l'urne
dans mes bras. Ne pas me donner en spectacle.

Il y a cinquante-trois ans aujourd'hui nous
devenions mari et femme. Par nervosité, Lise avait
dit « oui » deux fois. Par balourdise, j'avais laissé
tomber le jonc. Nous avions tous les deux vingt-
quatre ans.

CRÉDITS ET REMERCIEMENTS

Les Éditions du Boréal reconnaissent l'aide financière du gouvernement du Canada par l'entremise du Fonds du livre du Canada (FLC) pour leurs activités d'édition et remercient le Conseil des Arts du Canada pour son soutien financier.

Les Éditions du Boréal sont inscrites au Programme d'aide aux entreprises du livre et de l'édition spécialisée de la SODEC et bénéficient du Programme de crédit d'impôt pour l'édition de livres du gouvernement du Québec.

EXTRAIT DU CATALOGUE

Ce livre a été imprimé sur du papier 100 % postconsommation,
traité sans chlore, certifié ÉcoLogo
et fabriqué dans une usine fonctionnant au biogaz.

MISE EN PAGES ET TYPOGRAPHIE :
LES ÉDITIONS DU BORÉAL

CE QUATRIÈME TIRAGE A ÉTÉ ACHEVÉ D'IMPRIMER EN FÉVRIER 2012
SUR LES PRESSES DE MARQUIS IMPRIMEUR
À CAP-SAINT-IGNACE (QUÉBEC).